AF667437

Eine verborgene Liebe in der Bretagne

Un amour caché en Bretagne

RR

Barbara Ortwein

Eine verborgene Liebe in der Bretagne

Un amour caché en Bretagne

Die Geschichte einer unmöglichen Freundschaft
L'Histoire d'une Amitié Impossible

Zweisprachige Ausgabe | Edition bilingue
Ins Französische übersetzt von | Traduit en français par
Catherine Hertzog-Frese

Roland Reischl Verlag

„Es gibt nichts Gutes, außer man tut es!“

« Le bien n'existe que si on le fait ! »

Erich Kästner

Bibliografische Information der Deutschen Nationalbibliothek: Die Deutsche Nationalbibliothek verzeichnet diese Publikation in der Deutschen Nationalbibliografie; detaillierte bibliografische Daten sind im Internet über dnb.d-nb.de abrufbar.

Bildnachweis: Umschlagbilder: Barbara Ortwein (bearbeitet von Roland Reischl); Landkarten (S. 186 f.): Marco Tack; Impressionen (S. 188 ff.): Barbara Ortwein; Autorin (S. 198): privat | *Layout, Satz und Umschlaggestaltung:* Roland Reischl

© 2019 Barbara Ortwein | Neuausgabe 2023 (der 2019 im BoD-Verlag erschienenen Originalausgabe). | *Alle Nutzungsrechte dieser Ausgabe:*
Roland Reischl Verlag, Herthastraße 56, 50969 Köln, www.rr-verlag.de
Herstellung: BoD – Books on Demand, Norderstedt.
ISBN: 978-3-943580-49-5

Ich widme dieses Buch	Je dédie ce livre
meiner Freundin	à mon amie

Denise Moizan

und den Mitgliedern der	et aux membres
Städtepartnerschaftskomitees	des Comités
von Locminé	de Jumelage
und Medebach,	de Medebach
die sich unermüdlich für	et de Locminé
die deutsch-französische	qui se dévouent
Freundschaft	sans compter pour
engagieren und viele	l'amitié franco-allemande
Menschen mit ihrem	et dont l'engagement
Beispiel inspirieren.	inspire beaucoup de gens.

INHALTSANGABE | TABLE DES MATIÈRES

Eine verborgene Liebe in der Bretagne

Un amour caché
en Bretagne

1. Navarin

„Ich kann gar nichts erkennen!"

Ratlos ließ ich meinen Blick über die Wand aus ineinander verflochtenen Ästen, mannshohen, dichtbelaubten Büschen, einem Gewirr aus Dornen von Brombeersträuchern und den sie überragenden, uralten, vom Sturm zerfetzten und verbogenen Pinien schweifen.

„Ich kann gar nichts erkennen!", wiederholte ich noch einmal. „Wo soll denn hier ein Haus sein?"

Meine bretonische Freundin Denise lachte nur und meinte: „Folge mir, du wirst es bald sehen!"

Gehorsam machte ich mich mit ihr auf den Weg. Zunächst gingen wir an der grünen, undurchdringlichen Wand entlang, die auf der rechten Seite von einer schmalen Straße gesäumt wurde, auf der gerade einige Bauarbeiter dabei waren, den alten, holprigen Weg mit seinen vielen Schlaglöchern zu erneuern, zu verbreitern und ihn durch Trottoirs an den Seiten zu ergänzen.

„Dass wir überhaupt zu dem Haus vordringen können, ist nur diesen Bauarbeiten zu verdanken!", erklärte Denise. „Um den Bürgersteig auf dieser Seite und den Kreisel davor anlegen zu können, mussten die Bauarbeiter in den letzten Tagen viele Äste der Büsche abtrennen, ja, ganze Bäume fällen. Sie haben sogar eine Bresche in die Hecke geschlagen, durch die wir bequem auf das Grundstück gelangen können. Jetzt kannst du dir gar nicht mehr vorstellen, wie schwierig es für Maria und mich sonst war, einmal im Monat zu dem Haus vorzudringen, um dort nach dem Rechten zu sehen! Wir kamen uns dann immer vor, als ob wir in das Märchen von Dornröschen hineinversetzt worden waren, in dem der Prinz die verwunschene Dornenhecke überwinden muss!"

Nach dreißig Metern gelangten wir tatsächlich an eine Lücke in der grünen Wand, vor der die Bauarbeiter eine Absperrung gestellt hatten. Denise schob das halbhohe Gerüst kurzerhand zur

1. Navarin

« Mais je ne vois rien ! »

Perplexe, je fais glisser mon regard le long d'une muraille de branches entremêlées, d'arbustes au feuillage épais à l'hauteur d'homme, de ronces en fouillis, et de hauts pins centenaires courbés et déchirés par la tempête.

« Non, je ne vois rien du tout ! » dis-je encore une fois. « Vraiment, qu'une maison doit se trouver? »

Denise, mon amie de Bretagne, se met à rire et me dit :« Suis-moi, et tu vas la voir ! »

Docile, je me mets en route avec elle. Nous marchons d'abord le long de la muraille de verdure infranchissable, que longe une route étroite du côté droit. Quelques ouvriers de la voirie sont en train d'en refaire la chaussée défoncée et pleine de nids de poule, de l'élargir et d'y installer des trottoirs de chaque côté.

« C'est seulement grâce à ces travaux qu'on a la chance de pouvoir pénétrer jusqu'à la maison ! » explique Denise. « Pour pouvoir poser le trottoir de ce côté-là, et pour installer le rond-point qui le précède, il a fallu que les ouvriers scient les branches de nombreux arbustes ces derniers jours, ils ont même dû abattre des arbres entiers. Ils ont aussi taillé une brèche dans la haie, ce qui nous permet d'accéder facilement au terrain. Maintenant il n'est plus possible de se représenter combien c'était difficile avant, pour Maria et moi, de se frayer un chemin jusqu'à la maison, pour vérifier une fois par mois que tout allait bien ! On avait toujours l'impression de se retrouver au milieu du conte de la Belle au bois dormant, au moment où le prince doit se battre contre une haie d'épines enchantée ! »

Au bout d'environ trente mètres nous atteignons en effet la brèche du mur de verdure, devant laquelle les ouvriers de la voirie ont installé une barrière. Sans hésiter, Denise repousse de côté

Seite, so dass sich ein Spalt öffnete, durch den wir hindurchschlüpfen konnten.

Nach wenigen Schritten gelangten wir auf eine überwucherte Wiese, auf der uns das Gras bis an die Knie reichte. Sie war mit Apfel-, Quitten- und Kastanienbäumen bewachsen, deren knorrige Stämme von ihrem hohen Alter zeugten. Ihre Früchte hingen trotz der fortgeschrittenen Jahreszeit jetzt Anfang November immer noch an den Bäumen oder lagen verfaulend im Gras – niemand hatte sie hier seit Langem geerntet.

Auf der Wiese waren Spuren eines längst überwachsenen Weges zu finden, dem Denise und ich folgten. Er führte uns geradewegs auf graue, mit Efeu und wildem Wein bewachsenen Mauern zu, die dicht von riesigen Bäumen und Büschen umgeben waren. Sie bildeten eine Art undurchdringliche Hülle um ein Gebäude, von dem nur die Fenster nicht überwachsen waren, sondern mit ihren geschlossenen, weißgrauen Läden einen Kontrast zum mit Grün bedecktem grauen Granit bildeten. Das war das Haus!

„Siehst du, Barbara, das ist Navarin! Hier haben meine Pariser Verwandten und meine Familie in der Bretagne unvergessliche Sommerferien verbracht! Hier war einst das Paradies für mich und für meine Schwestern!“, rief Denise enthusiastisch.

„Aber – warum ist das Haus jetzt so verfallen? Warum wohnt hier keiner mehr?“, fragte ich entgeistert. „Gehört es jetzt niemanden mehr? Was ist mit dem Haus passiert?“

„Das Haus gehört meiner Cousine Yvonne. Sie ist 90 Jahre alt und hat aufgehört, die Bretagne zu besuchen. Wenn wir sie treffen wollen, müssen wir zu ihr nach Paris fahren. Als sie vor 17 Jahren Navarin verließ und meiner Schwester Maria und mir den Schlüssel übergab, sagte sie zu uns: „Navarin n'est pas à vendre!“ („Navarin steht nicht zum Verkauf!“) Seitdem haben viele Leute Interesse an diesem Objekt und an dem Grundstück gehabt, doch Yvonne würde es nie verkaufen! Sie glaubt immer noch, dass Navarin so schön sei, wie es damals war, als sie es erbte“, erklärte Denise.

„Das Haus steht also seit 17 Jahren leer?“, fragte ich.

cette barrière à mi-hauteur, et nous pouvons nous faufiler par l'entrebâillement.

Après quelques pas nous trouvons une prairie envahie d'herbes folles qui nous arrivent jusqu'au genou. Elle est remplie de pommiers, de cognassiers et de châtaigniers, dont les troncs noueux révèlent le grand âge. Bien qu'on soit maintenant début novembre et que la saison soit déjà bien avancée, les fruits pendent encore aux arbres, ou sont en train de pourrir dans l'herbe – car cela fait longtemps que personne n'est venu les cueillir.

On devine les traces d'un chemin que les herbes ont recouvert depuis longtemps. Denise et moi nous le suivons. Il nous mène directement à des murs gris couverts de lierre, assiégés par des arbres géants et des taillis formant une sorte d'écrin impénétrable à ce bâtiment, dont seules les fenêtres ne sont pas recouvertes de végétation –le gris clair de leurs volets clos contraste avec la verdure qui dissimule le gris foncé du granit. Voilà la maison !

« Tu vois, Barbara, c'est Navarin ! C'est ici que ma famille de Paris a passé des vacances d'été inoubliables avec celle de Bretagne ! Ici, pour mes sœurs et pour moi, c'était alors le paradis ! » s'écrie Denise avec enthousiasme.

Interloquée, je lui demande : « Mais pourquoi la maison est-elle si délabrée maintenant ? Pourquoi plus personne n'y habite-t-il ? Est-ce qu'elle n'appartient plus à personne ? Qu'est-ce qui s'est passé avec cette maison ? »

« La maison appartient à ma cousine Yvonne. Elle a maintenant 90 ans, et elle a cessé de venir en Bretagne. Si on veut la voir, il faut aller chez elle à Paris. Quand elle a quitté Navarin il y a 17 ans, elle nous a donné la clé, à ma sœur Maria et à moi, en nous disant : « Navarin n'est pas à vendre ! » Depuis ce temps-là beaucoup de gens se sont montrés intéressés par ce bâtiment et ce terrain, mais Yvonne n'a jamais voulu vendre ! Elle est toujours persuadée que la proprieté de Navarin est restée aussi belle qu'elle l'était autrefois, quand elle en a hérité », m'explique Denise.

Je lui demande alors : « Ça fait donc 17 ans que la maison est vide ? »

„Nein, es steht überhaupt nicht leer! Es ist vollständig möbliert, so wie Yvonne und unsere Pariser Verwandten es vor 17 Jahren verlassen haben. Alle die Möbel, die du in meinem Familienbuch gesehen hast, sind noch vorhanden. Es gibt darin nur keinen elektrischen Strom mehr und wenn Maria und ich hin und wieder nach dem Rechten sehen, müssen wir immer Taschenlampen mitnehmen, damit wir uns in den dunklen Räumen zurechtfinden und nicht ständig gegen irgendwelche Gegenstände und Möbel stoßen. Schade, dass ich die Schlüssel nicht bei mir habe, sonst könnten wir das Haus besuchen."

„Ja, sehr schade!", bedauerte ich. „Das wäre ein echtes Abenteuer geworden. Doch wo ist die Haustür? Von hier aus kann ich nur Fenster erkennen!"

„Wir müssen an dem Baum da drüben vorbei!", erwiderte Denise. „Den haben die Bauarbeiter schon vor ein paar Tagen gefällt. Wenn wir uns links halten, werden wir zuerst zu der Stelle kommen, wo der alte Steintisch steht, an dem wir früher gegessen haben!"

Denise bewegte sich links auf ein weiteres Stück dieses Dschungels zu und ich trottete hinter ihr her. Dann gelangten wir zu einer Eiche, unter deren dichtem Blätterdach sich tatsächlich die Umrisse eines pilzähnlichen Steintisches erhoben, von dem nur noch die kreisrunde Tischplatte aus dem hohen Gras herausragte. Dieser Tisch war reich gedeckt: mit den Eicheln, die vom Baum auf die Tischplatte gefallen waren!

„Das ist ja zauberhaft!", rief ich entzückt aus. „Was für ein verwunschener Ort!"

Denise nickte lächelnd.

„Kannst du dich an die zahlreichen Bilder erinnern, die uns hier um den Tisch versammelt zeigen? An unsere Tanten, die strickten und lasen, an uns Kinder, die wir hier unsere Spiele gespielt haben und vor allem an die zahlreichen Mahlzeiten, die auf dem Tisch serviert wurden? Deshalb habe ich unserem Familienbuch auch den Titel „A la Table de Navarin" („Zu Tisch in Navarin") gegeben. Weil mit diesem Tisch in Navarin Geselligkeit und Freude verbunden war und der Zusammenhalt unserer Fa-

« Mais non, elle n'est pas vide ! Elle est entièrement meublée, exactement comme Yvonne et nos proches de Paris l'ont laissée il y 17 ans. Tous les meubles que tu as vus en photo dans ma chronique familiale s'y trouvent encore. Seulement il n'y a plus de courant, et quand on y vient de temps en temps, Maria et moi, pour vérifier si tout va bien, il ne faut pas qu'on oublie nos lampes de poche pour pouvoir nous y retrouver dans ces pièces obscures et ne pas nous cogner sans arrêt dans un meuble ou un objet quelconque. Dommage que je n'ai pas pris la clé, sinon on aurait pu visiter la maison. »

Déçue, je lui dis : « Oui, c'est bien dommage ! Ça aurait été une vraie aventure. Mais où est la porte d'entrée ? D'ici je ne peux voir que des fenêtres ! »

« Il faut qu'on passe à côté de cet arbre là-bas », me répond Denise. « Ça fait déjà quelques jours que les ouvriers l'ont abattu. Si on reste sur notre gauche, on arrive d'abord à l'endroit où se trouve la vieille table en pierre qui à l'époque nous servait pour les repas ! »

Denise se dirige vers une autre partie de cette jungle sur sa gauche, et je la suis à petites enjambées. Nous atteignons ensuite un chêne, et en effet sous un toit de feuillage épais on devine les contours d'une table en pierre, en forme de champignon, dont seul le haut émerge des hautes herbes. Cette table est abondamment servie : les glands du chêne sont tombés directement sur le plateau !

Ravie, je m'exclame : « Mais c'est féerique ! Quel endroit enchanteur ! »

Denise approuve de la tête en souriant.

« Est-ce-que tu te souviens de toutes ces photos qui nous montrent rassemblés autour de cette table ? De nos tantes en train de tricoter et de lire, de nous autres les enfants absorbés par nos jeux, et surtout des nombreux repas qui ont été servis sur cette table ? C'est pour ça que j'ai donné comme titre à notre chronique familiale « À la Table de Navarin ». Parce que joie de vivre et convivialité sont liées à cette table de Navarin, et qu'elle témoigne d'une famille unie. En plus, dans notre famille, il y

milie dokumentiert wurde. Außerdem hatten wir so viele hervorragende Köchinnen in unserer Familie, die als Hauswirtschafterinnen in den vornehmen Pariser Familien arbeiteten, dass unsere Tanten und Großtanten hier wahre Wunderwerke der französischen Kochkunst auf diesen Tisch brachten. Schon bei der Erwähnung von Navarin floss uns Kindern damals das Wasser im Munde zusammen, so leckeres Essen gab es hier!“

„Ja, das kann ich mir lebhaft vorstellen!“, sagte ich und dachte an die vergangenen Tage, die jeden Abend mit einem Festessen endeten, und an meine vorherigen Aufenthalte bei Denise, die mir immer gezeigt hatten, wieviel Wert man in der Familie von Denise auf gutes Essen legt.

„Lass uns weitergehen!“, rief Denise und ging auf die Baumkrone des gefällten Baumes zu, die uns den Weg zum Eingang des Hauses versperrte. Wir zwängten uns an den ausladenden Ästen vorbei und standen schließlich an der Längsseite des von Efeu überwucherten Hauses, die nicht nur mehrere verschlossene Fenster, sondern auch eine Holztür aus Eiche aufwies. Zwei zerbrochene Laternen umrahmten die Eingangstür von Navarin, Laternen, wie ich sie mehrmals auf den alten Bildern des Hauseingangs gesehen hatte.

„Mein Vater war Schreiner“, erklärte Denise. „Er hat die Haustür aus massiver Eiche gearbeitet und einige der Möbel im Haus stammen auch von ihm.“

An dieser Seite des Hauses sah man besonders deutlich, wie sich das dichte Geflecht des Efeus und des wilden Weins um das Haus gewunden hatte, ja, es förmlich in seinem Griff zu haben schien. Jetzt Anfang November begannen sich auch in der Bretagne die Blätter zu färben oder abzufallen, so dass von dem wilden Wein nur das kahle Gerippe der Äste und Wurzeln übrigblieb, dass die Fassade des alten Granithauses mit einem fantastischen Muster überzog. Ich konnte mich an diesen archaischen Mustern nicht sattsehen!

„Du hast mir nicht zu viel versprochen, Denise! Navarin ist wirklich ein besonderer, ein verwunschener Ort. Doch warum heißt das Haus so? Und warum heißt der neue Stadtteil von

avait d'excellentes cuisinières, qui exerçaient leur métier dans des familles aisées à Paris, et nos tantes et grands-tantes nous servaient à cette table de vrais chefs-d'œuvre de gastronomie française. Le nom seul de Navarin suffisait à nous mettre l'eau à la bouche à nous autres les enfants, tant les repas y étaient délicieux ! »

« Oh oui, je vois ça comme si j'y étais ! » dis-je en repensant à ces derniers jours, qui tous sans exception se sont terminés par un vrai festin, et à mes précédents séjours chez Denise, qui à chaque fois m'ont donné l'occasion de voir à quel point la famille de Denise attache de la valeur à un bon repas.

« Allez, on continue ! » s'écrie Denise, en se dirigeant vers l'arbre abattu dont la couronne nous barre le chemin de l'entrée de la maison. Nous nous frayons un passage le long des branches majestueuses, et nous nous trouvons enfin sur le côté de la maison dissimulée sous le lierre, où nous découvrons non seulement quelques fenêtres aux volets clos mais aussi une porte en bois de chêne. Deux lanternes brisées encadrent la porte d'entrée de Navarin, ces lampes mêmes que j'ai vues à plusieurs reprises sur les vieilles photos montrant l'entrée de la maison.

« Mon père était ébéniste » me déclare Denise. « C'est lui qui a fait cette porte en chêne massif, et aussi quelques-uns des meubles à l'intérieur. »

De ce côté-là du bâtiment on voit particulièrement bien comment les branches de lierre et de vigne vierge se sont enroulées tout autour de la maison, formant un réseau dense, comme si elles voulaient l'emprisonner dans leurs filets. En ce début de novembre, les feuilles commencent à changer de couleur et à tomber ici aussi en Bretagne, et il ne reste de la vigne vierge qu'un réseau nu de branches et de racines qui recouvre la façade de la vieille maison de granit d'un motif fantastique. Je n'arrive pas à m'arracher à la contemplation de ce motif archaïque !

« Tu ne m'en avait pas trop promis, Denise ! C'est vraiment un endroit très particulier, Navarin, un endroit enchanteur. Mais pourquoi a-t-on donné ce nom-là à la maison ? Et pourquoi le nouveau quartier de Locminé s'appelle comme ça lui

Locminé so?“, wollte ich wissen, als Denise und ich auf dem gleichen Weg, auf dem wir gekommen waren, das Grundstück wieder verlassen hatten.

Die Fragen waren berechtigt, denn nun standen wir am Auto, das Denise vor dem Ortsschild dieses neuen Stadtteils geparkt hatte, auf dem die Worte „Navarin“ prangte.

„Ach, weißt du, Barbara, die Leute hier in Locminé glauben, dass es sich bei ‚Navarin‘ um ein Wort aus einem romantischen Gedicht oder einer romantischen Geschichte handelt. Doch mein Großonkel aus Paris, der vor dem Zweiten Weltkrieg das Haus bauen ließ, gab ihm den Namen jenes Ortes, an dem er eine der blutigsten Schlachten des Ersten Weltkrieges überlebt hatte. Damals im Herbst 1915 wurde mein Großonkel beim Angriff der Deutschen auf seine Einheit bei dem Bauernhof Navarin verletzt und musste hinter der Front in ein Krankenhaus gebracht werden. Während er dort behandelt wurde, kämpften seine Kameraden um ihr Leben. Fast 170.000 Soldaten – Franzosen und Deutsche – starben bei Navarin. Dass mein Großonkel überlebte, betrachtete er stets als ein Wunder. Und zur Erinnerung an dieses Wunder nannte er sein Haus hier in der Bretagne ‚Navarin‘.“

„Ach, so ist das!“, meinte ich nachdenklich, als ich in das Auto stieg. Anschließend fuhren Denise und ich durch den neuen Stadtteil, einen Stadtteil mit prächtigen, fast schlossähnlichen Häusern in jenem Stil, der für die Bretagne so typisch und den alten Bauernhäusern nachempfunden ist: Über ein meistens rechteckiges Kellergeschoss erhebt sich ein zweistöckiges, weißgestrichenes Haus mit schiefergedecktem Spitzdach und mit Granitsteinen umrandeten Fenster- und Türöffnungen, zu dem gewöhnlich eine schwungvolle Außentreppe führt. Eingerahmt von Gärten mit Hortensien in vielen Farben und mediterranen Pinien sowie Yucca-Palmen als Hausbäumen bzw. Hausgewächsen bieten diese Häuser gewöhnlich bis spät in den Herbst den Eindruck von mediterraner Heiterkeit, die sich mit der Standfestigkeit der Bretagne verbunden hat.

„Und wem gehörte einst dieser Grund und Boden, auf dem jetzt die neuen Häuser stehen?“, wollte ich wissen.

aussi ? », dis-je avec curiosité, alors que Denise et moi nous venons de quitter la propriété en reprenant le même chemin qu'à l'aller.

Ma question est légitime, car nous nous retrouvons maintenant à la voiture, que Denise a garée juste devant le panneau d'entrée de ce nouveau quartier, panneau qui arbore le nom de « Navarin ».

« Oh tu sais, Barbara, les gens d'ici, de Locminé, sont persuadés que « Navarin » c'est un nom qui provient d'un poème ou d'une nouvelle romantique. Mais c'est mon grand-oncle de Paris, celui qui a fait construire la maison avant la Deuxième guerre mondiale, qui lui a donné le nom de l'endroit où a eu lieu l'un des massacres les plus sanglants de la Première guerre mondiale et auquel il a survécu. À cette époque-là, en automne 1915, mon grand-oncle a été blessé près de la ferme de Navarin quand son unité a été prise d'assaut par les Allemands, et il a dû être transporté dans un hôpital à l'arrière du front. Pendant qu'on l'y soignait, ses camarades se battaient contre la mort. Près de 170 000 soldats français et allemands ont été tués près de Navarin. Mon grand-oncle a toujours considéré que c'est par miracle qu'il était resté en vie, et c'est en souvenir de ce miracle qu'il a donné le nom de « Navarin » à cette maison, ici en Bretagne ».

« Ah bon, c'est pour ça ! » Pensive, je remonte dans la voiture. Et nous traversons, Denise et moi, ce nouveau quartier, un quartier aux maisons imposantes, pareilles à des châteaux, bâties dans ce style si typique de la Bretagne, calqué sur celui des fermes anciennes : sur des fondations généralement rectangulaires s'élève un bâtiment à deux étages, recouvert de crépi blanc, surmonté d'un toit pointu en ardoises, avec des encadrements de fenêtre et de porte en granit, et auquel on accède en général par un escalier à haute volée. Entourées de jardins fleuris avec des hortensias de toutes les couleurs, avec des pins parasols et des yuccas comme végétation locale, ces maisons évoquent, et souvent jusqu'à la fin de l'automne, une légèreté méditerranéenne mêlée à la solidité de la Bretagne.

La curiosité me pousse à demander : « Et à qui appartenait avant le terrain sur lequel se trouvent ces nouvelles maisons ? »

„Das alles gehörte einst meiner Pariser Familie und war ein Teil von Navarin. Das Haus war von 15.000 Quadratmetern Land umgeben, Land, auf dem wir spielten, auf dem man Gemüse anbaute, das uns ernährte, Land, auf dem meine Familie einen Park angelegt hatte. Als meine Pariser Familie nicht mehr nach Navarin kam, erhielten meine Schwestern, meine Mutter und ich einen Teil des Landes, den wir vor einiger Zeit verkauft haben und auf dem jetzt die neuen Häuser stehen. Nur das Haus mit dem Grundstück, das ich dir gezeigt habe, das soll nie verkauft werden. Wie Yvonne kategorisch bestimmt hat: „Navarin n'est pas à vendre! – Navarin steht nicht zum Verkauf!"

« Tout ça appartenait alors à ma famille de Paris et faisait partie du domaine de Navarin. La maison était entourée de 15 000 mètres carrés de terres, des terres qui nous servaient de terrain de jeu et de potager dont nous récoltions les légumes, des terres sur lesquelles ma famille a aussi aménagé un parc. Quand ma famille de Paris a cessé de venir à Navarin, elle nous a cédé, à ma mère, à mes soeurs et à moi, une partie de ses terres, que nous avons vendues il y a déjà quelque temps, et sur lesquelles se trouvent maintenant ces nouvelles maisons. Seule la maison que je t'ai montrée, avec son terrain, n'a pas le droit d'être mise en vente. Yvonne a été catégorique : « Navarin n'est pas à vendre ! »

2. Andeutungen

Ich habe nicht gezählt, wie oft ich schon in der Bretagne gewesen bin. Ich weiß nur noch, dass ich Denise vor 27 Jahren kennen lernte. Dieses Ereignis verdanke ich einem gemischten Chor in unserer 3.000 Seelen zählenden Nachbarstadt Medebach im abgeschiedenem Sauerland, in dem ich seit meinem Umzug nach Winterberg vor mehreren Jahren im Sopran sang.

Eines Tages sprach mich Wilfried Lensing, der Chorleiter, an und erzählte mir, dass Medebach bald eine französische Partnerstadt namens Locminé haben werde. Der Bürgermeister von Medebach werbe jetzt um die Teilnahme von außerschulischen Gruppen an dem zukünftigen Partnerschaftsprogramm und habe ihn angesprochen, ob nicht sein ausgezeichneter Chor an einem solchen Programm teilnehmen könnte. Er denke da an Konzerte in Locminé und Umgebung. Doch um eine solche Konzertreise in die Partnerstadt zu planen, brauche er eine Person, die in der Lage und bereit dazu sei, mit den Mitgliedern des dortigen Partnerschaftskomitees Kontakt aufzunehmen.

Dann überreichte er mir die Adresse von einer gewissen Denise Moizan und verfügte, dass ich die richtige Person sei, eine solche Aufgabe zu erfüllen. Schließlich sei ich der französischen Sprache mächtig, hätte als Lehrerin genügend lange Sommerferien und weder Mann noch Kinder, auf die ich bei meiner Ferienplanung Rücksicht nehmen müsste.

Ich ließ mich zu dieser Reise überreden und traf nach einer langen Fahrt aus dem Sauerland im tiefsten Westen von Frankreich bei Denise ein. Sogleich merkte ich, dass Denise und ich eine Wellenlänge hatten: Beide waren und sind wir Idealistinnen, die ihre überschüssige Energie für gemeinnützige Ziele einsetzen. Es dauerte nicht lange und wir hatten jede Menge Pläne geschmiedet, die sich nicht nur auf die kommende Konzertreise, sondern auch auf andere Projekte in der Zukunft bezogen.

2. Allusions

Je n'ai jamais compté le nombre de fois que je suis venue en Bretagne. Je me rappelle seulement que j'ai fait la connaissance de Denise il y a 27 ans. Cette rencontre, je la dois à la chorale mixte de Medebach, une petite ville voisine de la nôtre au fin fond du Sauerland et qui comptait alors 3000 habitants. J'y ai chanté comme soprane après mon déménagement à Winterberg quelques années auparavant.

Un jour le chef de chœur Wilfried Lensing m'a abordée pour me raconter que Medebach allait bientôt se jumeler avec une ville française, Locminé. Le maire de Medebach était en train de lancer une campagne pour que des groupes extra-scolaires participent au futur programme du jumelage, et lui avait demandé s'il ne voulait pas faire partie de ce programme avec sa chorale réputée. Il prévoyait des concerts à Locminé et dans les environs. Mais pour organiser une telle tournée, il avait besoin d'une personne capable de se mettre en rapport avec les membres du Comité local, et qui soit prête à le faire.

Il m'a alors communiqué l'adresse d'une certaine Denise Moizan, et décidé que j'étais la personne la plus indiquée pour remplir cette tâche. Après tout je maîtrisais bien la langue française, en tant que professeur j'avais assez de vacances en été, et je n'avais pas à tenir compte d'un mari ou d'enfants pour mes projets de vacances.

Je me suis laissée convaincre de faire ce voyage, et après un long trajet, du Sauerland au fin fond de l'Ouest de la France, j'ai débarqué chez Denise. J'ai tout de suite senti que nous nous trouvions sur la même longueur d'ondes : en effet nous sommes toutes les deux des idéalistes, et nous investissons une bonne partie de notre énergie pour le bien public. Nous avons rapidement mis sur pied un nombre considérable de projets, non seulement pour la tournée musicale proche mais également pour la suite.

Fortan gab es für mich keinen Aufenthalt in der Bretagne, der nicht neue Aspekte mit sich brachte: Mal war mein Aufenthalt von der Erforschung der Megalithen am Golf von Morbihan bestimmt, mal von der Erforschung und Praxis der bretonischen Musik, mal die Beschäftigung mit dem armen Haiti, für das sich sowohl Denise als auch viele ihrer Freunde in der Bretagne engagierten und sicher auch weiterhin engagieren; ein anderes Mal standen die Sagen von König Artus und ihre bretonischen Schauplätze im Mittelpunkt unseres gemeinsamen Interesses – und wieder ein paar Jahre später begaben wir uns gemeinsam auf die Suche nach den keltischen Heiligen aus Wales und Irland, die in der Bretagne einst das Christentum verbreitet hatten.

Auf diese Art und Weise lernte ich dank Denise und ihren Freunden, die bald auch die meinen wurden, große Teile der Bretagne kennen: bretonische Eigenheiten, die Geschichte dieser für Frankreich so untypischen Region, die teils aus grauer Vorzeit stammenden bretonischen Gebräuche sowie Sitten – und natürlich viele Menschen, die hier lebten.

Doch obwohl ich von den Bretonen „avec les bras ouverts“ (mit ausgebreiteten Armen) empfangen wurde und sie mich bei meinen Besuchen mit Wohltaten überschütteten, meinte ich stets zu spüren, dass es da einen Punkt gab, bei dem ich außen vor blieb.

Trotz unserer 27-jährigen Bekanntschaft und Freundschaft vermieden Denise und meine anderen bretonischen Freunde es weitgehend, mit mir über die Erfahrungen ihrer Familien mit meinen deutschen Landsleuten während des Krieges zu sprechen, ja, ich hatte sogar das Gefühl, dass sie auf gar keinen Fall über dieses Thema mit mir sprechen wollten.

Gewiss: In froher Runde, wenn zu viel des Weines und des Cidres geflossen waren, stimmte der eine oder andere unserer männlichen Gäste – wie ich damals annahm, um mich zu necken – das Lied „Rappelle-toi, Barbara“ („Erinnere dich, Barbara!“) an. Erst als ich mich mit dem Text dieses Liedes genauer beschäftigte, fiel mir auf, dass er auf die Zeit der Besetzung der Bretagne durch die Nazis anspielt.

A partir de ce moment-là, aucun de mes séjours en Bretagne ne s'est passé sans que je n'y découvre de nouveaux aspects : tantôt mon séjour est marqué par l'étude des mégalithes du Golfe de Morbihan, tantôt par l'étude et la pratique de la musique bretonne, tantôt par la lutte contre la pauvreté en Haïti, pays pour lequel Denise s'est engagée et le fait toujours, comme beaucoup des ses amis ; ou bien ce sont les légendes du Roi Arthur, et les lieux où elles se sont déroulées en Bretagne, qui se trouvent au centre de notre intérêt commun – et quelques années plus tard nous nous retrouvons pour aller à la recherche des saints celtes, venus il y a longtemps du Pays de Galles et d'Irlande pour évangéliser la Bretagne.

C'est ainsi que grâce à Denise et à ses amis, qui sont bientôt devenus les miens aussi, j'ai fait la connaissance d'une grande partie de ce qui constitue la Bretagne : son particularisme breton, l'histoire de cette région qui n'est pas spécifiquement française, ses us et coutumes venus parfois du fond des âges – et bien sûr ses habitants.

Mais bien que j'aie toujours été accueillie les bras ouverts par les Bretons, et qu'ils m'aient comblée de cadeaux lors de mes visites, j'ai toujours eu l'impression qu'il y a un point sensible auquel je ne dois pas toucher.

Cela fait maintenant 27 ans que nous nous connaissons, et malgré notre amitié, Denise et mes amis bretons évitent consciencieusement d'évoquer devant moi ce que leurs familles ont dû vivre avec mes compatriotes pendant la guerre. J'ai même l'impression qu'ils ne veulent en aucun cas aborder ce sujet avec moi.

Bien sûr, il peut arriver qu'après avoir bu un peu trop de vin ou de cidre en bonne compagnie, un de nos invités entonne cette chanson « Rappelle-toi, Barbara » – je crois à ce moment-là que c'est pour me faire marcher. Ce n'est que plus tard que je me rends compte, en examinant le texte de plus près, que cette chanson évoque l'occupation de la Bretagne par les nazis.

In diesem Gedicht von Jacques Prévert, das in seiner Liedfassung jeder Franzose kennt, weil es der Chansonnier Yves Montand in unnachahmlicher Weise interpretierte, geht es um eine junge Frau namens Barbara, in die sich das lyrische Ich auf den ersten Blick verliebt hat. Es beschreibt seine Begegnung mit Barbara an jenem Tag in Brest, als es unaufhörlich regnete: „Il pleuvait sans cesse sur Brest ce jour-là“! Trotz dieser Witterungsbeeinträchtigung verläuft die Begegnung zwischen Barbara und dem jungen Mann positiv: Als sich ihre Wege auf der Rue de Siam kreuzen, lächelt sie ihn an – und er lächelt zurück. Wenig später sucht ein anderer Mann Schutz vor dem Regen unter dem Portal eines Hauses und ruft den Namen Barbara. Dasselbe Mädchen, das dem lyrischen Ich vorher zugelächelt hatte und mit dem es sich schon so vertraut fühlte, verlässt daraufhin das Haus und wirft sich diesem Mann in die Arme. Das lyrische Ich beobachtet, wie die beiden Liebenden bei ihrem Zusammensein den unaufhörlich auf sie niederprasselnden Regen nicht mehr wahrnehmen, denn Barbara sieht glücklich aus und mit ihrem Lächeln verwandelt sie Brest in diesem Regen in eine Stadt des Glücks ...

Doch dann folgt eine Art Klage des lyrischen Ichs darüber, was wohl aus Barbara, ihrem Liebhaber und aus ihrem Glück geworden sein mag, in jenem Bombenregen, der am Ende des Zweiten Weltkriegs die Stadt Brest völlig zerstört und einer Vielzahl von Bewohnern das Leben gekostet hatte. Und das lyrische Ich fragt sich, ob auch der Liebhaber von Barbara bei dem schrecklichen Angriff der Deutschen auf Brest getötet worden ist und sich der unaufhörliche Regen in die unaufhörlichen Tränen von Barbara verwandelt haben mag, in jener Stadt ihrer Liebe, von der nichts mehr übrigblieb ...

Ich weiß nicht mehr, wie ich damals reagierte, als ich das erste Mal mit diesem Lied konfrontiert wurde. Doch heute glaube ich zu wissen, dass dieses Lied auch als eine dezente Anklage an mich gedacht sein mochte: als Angehörige jenes Volkes, das in diesem Teil Frankreichs für so viel Zerstörung von Schönem und Wertvollem verantwortlich war.

Tous les Français connaissent la version chantée de ce poème de Jacques Prévert, interprétée par Yves Montand d'une manière inimitable. On y parle d'une jeune femme, Barbara, pour qui le poète a le coup de foudre. Il décrit sa rencontre avec Barbara : « Il pleuvait sans cesse sur Brest ce jour-là ! » Malgré cette perturbation atmosphérique, la rencontre de Barbara et du jeune homme ne peut pas mieux se passer : lorsque leurs chemins se croisent rue de Siam, elle lui sourit – et il lui sourit en retour. Peu de temps après, un homme va s'abriter de la pluie sous un portail, et se met à appeler : « Barbara ! ». C'est justement cette jeune femme à qui le poète venait de sourire, et avec qui il se sentait déjà en confiance, qui sort alors de la maison et qui se jette dans les bras de cet homme-là. Le poète observe les deux amants qui, plongés dans leur monde intime, ne se rendent pas compte de la pluie qui tombe inlassablement sur eux. Barbara a l'air heureuse, et son sourire transforme la ville de Brest sous la pluie en ville du bonheur...

Suit pourtant un genre de lamentation du poète. Qu'a-t-il bien pu advenir de Barbara et de son amant, et de leur bonheur, sous cette avalanche de bombes qui a entièrement détruit la ville de Brest à la fin de la Deuxième guerre mondiale, et qui a coûté la vie à bon nombre de ses habitants ? Et le poète se demande si l'amant de Barbara n'a pas été victime lui-aussi du terrible assaut des Allemands sur Brest, et si cette pluie incessante ne s'est pas métamorphosée dans les yeux de Barbara en larmes inextinguibles, là, dans la ville de leur amour, dont il ne reste rien...

Je ne sais plus comment j'ai réagi la première fois que j'ai été confrontée à cette chanson. Mais je pense aujourd'hui qu'on peut aussi l'interpréter comme un reproche dissimulé à mon égard : celui de faire partie de ce peuple responsable de tant de ravages dans cette région de France, dans tout ce qui est beau et a de la valeur.

Ich erinnere mich auch an andere Gelegenheiten, in dem das schwierige Verhältnis von Deutschen und Franzosen kurz erwähnt wurde, um das Thema schnell wieder zu verlassen und sich dem erfreulicheren der deutsch-französischen Freundschaft nach dem Krieg zu widmen.

Die Mutter von Denise erzählte mir wie beiläufig von dem ersten Besuch der neuen Freunde ihrer Tochter Denise aus unserer Nachbarstadt Medebach, bei dem sie zugegen war. „Das war eigentlich eine ganz alltägliche Situation. Nachdem die Medebacher Gäste an diesem Tag mit Denise einen Ausflug an den Golf von Morbihan gemacht hatten, lud ich sie zum Abendessen bei mir ein. Während des Apéritifs und der Vorspeise wurde vorwiegend Französisch gesprochen, nur hin und wieder übersetzten Georg Nottelmann und Pfarrer Heitz[1] für die anderen deutschen Gäste kurze Ausschnitte des Gesprächs.

Als ich den Hauptgang servierte, wurde die Diskussion auf Deutsch weitergeführt. Da überkam mich plötzlich eine unbeschreibliche Furcht, als ich nach so langer Zeit plötzlich wieder die harten, gutturalen Laute der Männer vernahm. Sofort erinnerte ich mich wieder an die harschen Befehle der deutschen Soldaten, als sie uns während der Besatzung herumkommandierten. Sie riefen: „Raus! Raus!“ und dann mussten alle Bewohner das Haus verlassen, damit die Soldaten überprüfen konnten, ob sich niemand von der Résistance bei uns versteckt hielt. Am ganzen Leibe zitternd kehrte ich schnell wieder in meine Küche zurück. Denise, die meine Tränen bemerkt hatte, folgte mir, nahm mich in den Arm und tröstete mich mit den Worten: „Das ist doch ganz normal, dass du von deinen Gefühlen überwältigt bist!“ Ich blieb noch eine Weile in der Küche, während Denise es übernahm, den Käse zu servieren. Doch dann überwand ich meine Furcht und kehrte mit dem Dessert in das Esszimmer zurück. Mit liebenswürdigen Komplimenten für das wunderbare Essen verabschiedeten sich die neuen Freunde von Denise bei mir.

---

[1] Die Verdienste von Georg Nottelmann und Pfarrer (Père) Heitz um die Städtepartnerschaft werden in Kapitel 13 gewürdigt.

Je me rappelle aussi d'autres occasions où lorsqu'on abordait brièvement les relations difficiles entre les Français et les Allemands, on changeait bien vite de thème pour se consacrer à l'amitié franco-allemande après la guerre, plus réjouissante à évoquer.

La mère de Denise m'a raconté comment elle a vécu sa première rencontre avec des amis allemands de sa fille. « En fait, la situation était tout à fait ordinaire. Nos invités de Medebach avaient fait ce jour-là une excursion au Golfe de Morbihan avec Denise, et à leur retour je les ai invités à prendre le repas du soir chez moi. Pendant l'apéritif et l'entrée on a surtout parlé en français, et de temps en temps Georg Nottelmann et l'abbé Heitz[1] ont traduit une partie de la conversation pour les autres Allemands.

Lorsque j'ai servi le plat de résistance, la conversation s'est poursuivie en allemand. Une peur indescriptible s'est alors emparée de moi quand j'ai entendu de nouveau cet accent rude et guttural, après tant d'années. Je me suis aussitôt rappelée comment les soldats allemands nous lançaient leurs ordres pour nous mener à la baguette pendant l'occupation. Ils criaient : « Raus ! Raus ! » – et tous les habitants devaient sortir de la maison pour que les soldats puissent vérifier qu'aucun résistant n'était caché chez nous. En tremblant de tous mes membres je suis vite retournée dans la cuisine. Denise, qui avait remarqué mes larmes, m'a suivie et m'a prise dans ses bras en disant pour me réconforter :« Mais c'est normal que tu sois bouleversée par tes sentiments !» Je suis restée encore un moment dans la cuisine pendant que Denise se chargeait de servir le fromage. J'ai alors réussi à surmonter mes appréhensions et je suis retournée dans la salle à manger avec le dessert. Les nouveaux amis de Denise ont ensuite pris congé, après m'avoir complimentée pour ce délicieux repas.

---

[1] Ce que doit le jumelage à Georg Nottelmann et au Père Heitz est évoqué au chapitre 13.

Danach wusste ich, dass ihre Freunde auch die meinen werden konnten und es mir möglich sein würde, über diese Aversionen, die ich mein Leben lang gegen die Deutschen gehabt hatte, hinwegzukommen, ja, in diesen Leuten aus Deutschland gute Menschen zu sehen, die nichts mehr mit den schrecklichen Soldaten von damals gemein hatten."

Ein anderes Mal erfuhr ich ebenfalls eher beiläufig, dass die Bewohner der Maillette[2] gute Gründe hatten, allem, was Deutsch war und aus Deutschland kam, zu misstrauen. Hier in dieser ländlichen Umgebung im Inneren der Bretagne hatten sich offensichtlich während der Okkupation Dramen abgespielt, die ich eher an der Küste, in den großen Hafenstädten wie Brest, Lorient oder noch weiter östlich in Saint-Nazaire vermutet hätte.

Das wurde mir bewusst, als ich zufällig von dem Denkmal an der Place des Martyrs-de-la-Résistance (Platz der Märtyrer des Widerstandes) erfuhr, von dem mich meine Freunde aus Rücksichtnahme für meine Gefühle ferngehalten hatten, bis ich dann wissen wollte, warum der Platz so heißt und was der große Menhir darauf für eine Bedeutung hat.

Denise erzählte mir, dass dieser Menhir 3500 Jahre lang im nahegelegenen Moustoir-Ac gestanden hatte, bevor er im Jahre 1966 hierher auf den Platz geschafft worden sei. Er solle nun an die Opfer der Nazidiktatur erinnern, die aus Locminé und seiner Umgebung stammten.

Als ich die Steinplatte an dem Menhir in Augenschein nahm, erfuhr ich, dass 25 Widerstandskämpfer und französische Soldaten in der nahegelegenen Festung Fort Penthièvre an der Küste des Golfs von Morbihan von den Nazis exekutiert worden waren. Und ich erschrak, als ich ihre Namen las: Den einen oder anderen Namen der Toten tragen meine jetzigen bretonischen Freunde ...

---

[2] Locminé ist in ganz Frankreich bekannt für ein Lied, das „Les Gars de Locminé" (Die jungen Männer aus Locminé) heißt. In diesem Tanzlied wird der Name der Region um die kleine Stadt als „de la Maillette" (aus der Maillette) angegeben.

J'ai alors su que ses amis pourraient aussi devenir les miens, que j'arriverais à surmonter cette aversion contre les Allemands que j'avais eue toute ma vie, et à voir dans ces personnes venues d'Allemagne des personnes de bonne foi n'ayant plus rien de commun avec ces horribles soldats d'autrefois. »

Par la suite j'ai eu l'occasion d'apprendre, plutôt par hasard également, que les habitants de la Maillette[2] avaient de bonnes raisons de se méfier de tout ce qui était allemand et venait d'Allemagne. Apparemment, dans cette campagne du centre de la Bretagne, on avait vécu pendant l'occupation des drames qu'on aurait plutôt attendus sur la côte, dans les grandes villes portuaires comme Brest, Lorient, ou Saint-Nazaire plus à l'est.

Je m'en rends compte lorsque j'entends enfin parler du monument de la Place des Martyrs-de-la-Résistance, dont mes amis m'ont caché l'existence pour ne pas heurter mes sentiments, jusqu'à ce que je me décide à demander pourquoi on l'appelle comme cela et ce que représente ce grand menhir sur la place.

Denise me raconte alors que ce menhir s'est trouvé pendant 3500 ans à Moustoir-Ac, non loin de là, et qu'on l'a transporté sur cette place en 1966, à la mémoire des victimes de la dictature nazie à Locminé et ses environs.

En examinant de près la plaque de pierre apposée sur le menhir, j'apprends que 25 résistants et soldats français ont été exécutés par les nazis dans le fort de Penthièvre voisin, sur la côte du Golfe de Morbihan. Je suis terrifiée en lisant les noms des victimes : mes amis bretons en portent certains d'entre eux encore aujourd'hui...

---

[2] Locminé est connu dans toute la France par une chanson, « Les Gars de Locminé ». Dans cette chanson à danser on évoque la maillette, clou à chaussure fabriqué dans la petite ville, qui est appelée cité « de la maillette ».

Doch bereits am Anfang meines letzten Aufenthalts in der Bretagne wurde ich ganz überraschend mit diesem Thema konfrontiert, das mich in den folgenden zwei Wochen immer wieder beschäftigten sollte.

Und das kam so! Am zweiten Tag nach unserer Ankunft wurden meine Prager Freundin Libussa, die mich auf meiner Reise in die Bretagne begleitete, und ich zu der Jahresversammlung des Partnerschaftskomitees in Locminé eingeladen. Das Komitee kümmert sich seit vielen Jahren mit großem Engagement um die Beziehungen zwischen der kleinen bretonischen Stadt Locminé zu unserer Nachbarstadt Medebach. Abgesehen von Denise kenne ich noch eine ganze Reihe der Mitglieder, da ich sie entweder in der Bretagne oder in Medebach getroffen hatte. Viele von diesen Leuten sind im Laufe der Zeit meine Freunde geworden.

Nach der erfrischend kurzen Versammlung, die mit einer Bildershow von der letzten Reise der Bretonen nach Medebach endete, gingen wir alle in ein nahegelegenes, neues Restaurant, wo ein dreigängiges Menu auf uns wartete. Mir schräg gegenüber hatte Raymond, der Präsident des Komitees, mit seiner Frau Platz genommen.

„Barbara, ich habe gehört, dass du jetzt Bücher schreibst, Bücher über Auswanderer aus Deutschland in die USA. Da musst du dich ja im Norden von Deutschland gut auskennen, denn dort befinden sich doch wohl die Häfen, von denen die Auswandererschiffe abgelegt haben“, sprach mich Raymond sofort an, nachdem wir Platz genommen hatten.

„Aber ja, vor allem in Bremen und Bremerhaven kenne ich mich aus. In Bremerhaven gibt es ein Museum, das heißt „Deutsches Auswandererhaus“. Dort habe ich – vor allem in der „Deutschen Auswanderer-Datenbank“ – oft für meine Bücher recherchiert.

Außerdem verkaufen sich im Museumsgeschäft meine deutschen und englischen Bücher recht gut.“

„Bist du bald wieder in Bremerhaven?“, fragte Raymond weiter.

Ich erzählte ihm, dass ich erst im Februar des nächsten Jahres wieder nach Bremerhaven kommen würde.

Mais dès le début de mon dernier séjour en Bretagne, tout à fait par surprise, je me trouve confrontée à ce thème qui va m'occuper à maintes reprises pendant les quinze jours qui vont suivre.

Voilà comment cela s'est passé : deux jours après notre arrivée nous sommes invitées, Libussa, mon amie de Prague qui m'accompagne dans ce voyage en Bretagne, et moi, à l'assemblée générale du Comité de Jumelage de Locminé. Le Comité s'occupe depuis de nombreuses années et avec beaucoup d'engagement des relations entre la petite ville bretonne de Locminé et la ville voisine de la nôtre, Medebach. Outre Denise, je connais bon nombre de ses membres, que j'ai eu l'occasion de rencontrer soit en Bretagne soit à Medebach. Avec le temps beaucoup d'entre eux sont devenus des amis.

Après la réunion, d'une brièveté rafraîchissante et qui s'est terminée par une projection de photos du dernier voyage des Bretons à Medebach, nous allons tous ensemble dans un nouveau restaurant ouvert dans le voisinage, où nous attend un menu à trois couverts. Raymond, le président du Comité, a pris place avec sa femme en face de moi.

« Barbara, il paraît que tu es en train d'écrire des livres sur les émigrants d'Allemagne aux Etats-Unis. Tu dois bien t'y connaître en ce qui concerne le nord de l'Allemagne, c'est bien là que se trouvent les ports d'où ont appareillé les bateaux des émigrants », m'interpelle Raymond dès que nous avons pris place.

« Mais oui, c'est surtout Brême et Bremerhaven que je connais. À Bremerhaven il y a un musée de l'émigration, la « Maison des émigrants allemands ». J'y ai souvent fait des recherches pour mes livres – en particulier sur la base de données des émigrants allemands.

En plus mes livres s'y vendent bien, en allemand comme en anglais. »

« Est-ce que tu retournes bientôt à Bremerhaven ? », me demande ensuite Raymond.

Je lui raconte que je n'y retournerai pas avant le mois de février de l'année suivante.

„Vielleicht kannst du mir dann den Gefallen tun und nach dem Aufenthaltsort meines Vaters in der Nähe von Bremerhaven suchen. Mein Vater, Marcel Laudrin, war im Zweiten Weltkrieg Soldat und wurde im Sommer 1940 in den Vogesen von den Deutschen gefangen genommen. Man brachte ihn einige Monate später in ein Strafgefangenenlager im Norden von Deutschland – mein Vater erzählte, es habe sich in der Nähe von Bremerhaven befunden. Es hieß Sandbostel. Dort wurde er sehr schlecht behandelt, denn er musste sehr hart in einem Steinbruch im Moor arbeiten und er bekam nur wenig zu essen.

Zum Glück für ihn schickte man ihn kurze Zeit später als Knecht auf einen Bauernhof nicht weit davon entfernt. Das waren liebe Leute! Er bekam eine ordentliche Kammer mit einem richtigen Bett, die Familie teilte ihre Mahlzeiten mit ihm, ließ ihn ausruhen, wenn er hart gearbeitet hatte, und versuchte, sein Los zu lindern, wo sie nur konnte. Ja, der Bauer, die Bäuerin und ihre Kinder ließen meinen Vater immer wieder merken, dass sie ihn gut leiden konnten und es bedauerten, dass er ein Gefangener war. Mein Vater erzählte, dass sich dieser Bauernhof bei einem Ort befunden hat, der „Brest“ hieß – so wie unser Brest hier in der Bretagne – und in der Nähe gab es auch noch einen Ort, der hieß Farven. – Obwohl mein Vater schon gestorben ist, würde ich diese Bauern gerne finden, vielleicht leben ja noch die damaligen Kinder der Bauernfamilie und vielleicht können sie sich noch an meinen Vater erinnern.“

„Weißt du denn auch, wie diese Familie hieß?“

Raymond schüttelte den Kopf.

„Hmm! Das weiß ich eben nicht! Doch vielleicht helfen dir die Ergebnisse der Nachforschungen des Internationalen Roten Kreuzes über die Gefangenschaft meines Vaters, die sie mir auf meine Anfrage hin aus Genf zugeschickt haben. Ich bringe dir diese Informationen bei unserem Treffen in der nächsten Woche mit.“

Hervé Cario, der Vorgänger von Raymond im Amt des Komiteepräsidenten, sass neben Raymond und hörte unserem Gespräch interessiert zu. Schließlich bemerkte er: „Ja, das Rote Kreuz hat damals auch meine Familie informiert, in welches

« Tu pourrais peut-être me rendre un service en recherchant l'endroit où se trouvait mon père, dans les environs de Bremerhaven. Mon père, Marcel Laudrin, était soldat pendant la deuxième guerre mondiale, et il a été fait prisonnier dans les Vosges par les Allemands en été 1940. Au bout de quelques mois on l'a transféré dans un camp de prisonniers dans le nord de l'Allemagne – mon père nous a raconté que ce camp se trouvait près de Bremerhaven et qu'il s'appelait Sandbostel. Il y a été très mal traité, il a fallu qu'il travaille dur dans une carrière dans les tourbières, et il n'a presque rien eu à manger.

Heureusement pour lui, on l'a envoyé peu de temps après dans une ferme non loin de là pour y travailler comme valet. C'étaient de braves gens ! On lui a donné une chambre digne de ce nom, avec un vrai lit, il prenait ses repas avec la famille, il pouvait se reposer, et on essayait d'améliorer son sort dans la mesure du possible. Oui, ce paysan, sa femme et leurs enfants lui ont toujours montré de l'affection et exprimé le regret qu'il soit prisonnier. Mon père racontait que cette ferme se trouvait dans un village appelé « Brest » – comme notre Brest d'ici en Bretagne – et que dans les environs se trouvait encore un autre village appelé Farven. Même si mon père est déjà décédé, j'aimerais bien retrouver ces paysans, peut-être que les enfants de cette famille sont encore en vie, et qu'ils se souviennent encore de mon père . »

« Mais est-ce que tu connais le nom de cette famille ? »

Raymond secoue la tête.

« Mmm ! Cest justement ce que j'ignore ! Mais peut-être que les résultats des recherches de la Croix rouge internationale sur la captivité de mon père pourront t'aider, on me les a envoyés de Genève sur ma demande. Je t'apporterai ces informations la semaine prochaine, quand nous nous reverrons. »

Hervé Cario, le prédécesseur de Raymond au poste de président du Comité, est assis à côté de lui et suit notre conversation avec intérêt. Il finit par remarquer : « C'est vrai, c'est aussi la Croix rouge qui nous avait fait savoir dans quel hôpital mon père

Krankenhaus mein Vater hinter der Front eingeliefert wurde, als er während der Kampfhandlungen schwer verletzt wurde. Die Folgen dieser Verletzungen, die er als Soldat erlitten hatte, haben sein ganzes weiteres Leben beeinträchtigt."

Obwohl ich Hervé und seine Familie seit vielen Jahren zu kennen glaubte, war für mich diese Information über das Kriegsleiden seines Vaters gänzlich neu.

Tatsächlich überreichte mir Raymond eine Woche später eine Fotokopie des besagten Briefes, als wir uns im Haus von Annie, der Sekretärin des Partnerschaftkomitees, und ihres Mannes Jo in einem kleinen Dorf bei Locminé trafen. Man erfuhr aus diesem Brief, wann und wo Marcel Laudrin gefangen genommen wurde und dass er der Gefangene Nr. 41742 gewesen war.

Die Zahl und der Buchstabe „XB" wiesen auch tatsächlich auf das berüchtigte Kriegsgefangenenlager hin, das sich am Ortsrand von Sandbostel nicht weit von Bremervörde und in 50 Kilometer Entfernung von Bremerhaven befand. In diesem Lager wurden in den Kriegsjahren insgesamt über eine Million Gefangene interniert, von denen 50.000 ums Leben kamen. Aufgrund der katastrophalen hygienischen Verhältnisse, die sowohl in den Baracken als auch im Lagerkrankenhaus herrschten, waren immer wieder Seuchen ausgebrochen, so dass viele Gefangene eines sogenannten „natürlichen Todes" starben. Doch hauptsächlich lag es an der grausamen Behandlung durch die 314 deutschen, meist wehruntüchtigen Soldaten und anderen Militärpersonen, dass so viele von ihren Schutzbefohlenen die Gefangenschaft nicht überlebten: Sie verweigerten ihnen entweder die Nahrung und ließen sie bei der Trockenlegung des Teufelsmoors und des Klenkendorfer Moors nordöstlich von Bremen sowie in der U-Boot-Werft in Farge im Bremer Norden zu Tode schuften.

Doch wie sollte es mir gelingen, den Bauernhof zu finden, auf dem Raymonds Vater trotz seiner Gefangenschaft relativ glückliche Jahre erlebt hatte? Ich hatte keine Ahnung, wie ich das anstellen sollte!

avait été transféré après avoir été grièvement blessé pendant les combats. Il a souffert toute sa vie des suites de ces blessures, subies alors qu'il était soldat. »

Je croyais connaître Hervé et sa famille depuis longtemps, mais j'ignorais totalement que son père avait ainsi souffert de la guerre.

Effectivement, une semaine plus tard, Raymond me remet une photocopie de cette fameuse lettre, alors que nous nous retrouvons chez Annie, la secrétaire du Comité, avec Jo son mari, dans un petit village près de Locminé. Dans cette lettre on nous communique où et quand Marcel Laudrin a été fait prisonnier, et qu'il a été enregistré sous le n° 41742.

Ce numéro ainsi que les lettres « XB » représentent en effet le camp de prisonniers tristement célèbre qui se trouvait à la limite du bourg de Sandbostel, non loin de Bremervörde et à environ 50 kilomètres de Bremerhaven. En tout plus d'un million de prisonniers y ont été incarcérés pendant les années de guerre, 50 000 y ont péri. Les conditions d'hygiène y étant catastrophiques, aussi bien dans les baraques qu'à l'hôpital du camp, des épidémies s'y déclaraient sans arrêt, de sorte que beaucoup de prisonniers y sont morts « de mort naturelle ». Mais ce sont surtout les traitements cruels perpétrés par les 314 soldats allemands, en général des exemptés inaptes au service, ou d'autres militaires, qui ont fait que tant d'hommes placés sous leur garde n'ont pas survécu à leur captivité : ils les privaient par exemple de nourriture, et les faisaient trimer à épuisement total pour l'assèchement du « Teufelsmoor » (Marais du diable) et du « Klenkendorfer Moor » (Marais de Klenkendorf), au nord-est de Brême, ou bien dans les chantiers navals de sous-marins à Farge, au nord de Brême.

Mais comment vais-je faire pour retrouver la ferme dans laquelle le père de Raymond a passé d'assez bonnes années, relativement, malgré sa captivité ? Je n'en ai pas la moindre idée.

3. Die Ausstellung in Kermaria

Im Frühjahr 2014 wurde ich erstmalig direkt mit den Folgen der schwierigen deutsch-französischen Vergangenheit in der Bretagne konfrontiert: Bei meinem Besuch im Sommer 2014 gab es im Kloster Kermaria bei Locminé eine der zahlreichen Ausstellungen, die in jenem Jahr überall in Europa über den Ersten Weltkrieg stattfanden.

Diejenige in Kermaria sollte mich jedoch besonders beeindrucken, da meine persönliche Bindung an diese Region und seine Menschen, die ich liebe, mir einen andersartigen, direkten Zugang zu den ausgestellten Gegenständen und den erklärenden Texten gaben. Diese ließen meine Gedanken wieder zu meiner eigenen Familiengeschichte schweifen.

Das Kloster von Kermaria ist ungefähr einen Kilometer von der Locminéer Zentrum entfernt. Es entstand am Ende des 19. Jahrhunderts. Innerhalb eines weitläufigen Parks mit exotischen Pflanzen und Bäumen liegt die neugotische Kapelle St. Joseph, umgeben von größeren Gebäudekomplexen – die meisten aus grauem Granit –, in denen heute noch die Schwestern des Ordens der Mädchen Jesu leben. Der Orden engagiert sich besonders in den Teilen der Welt für Bildung, Gesundheit und soziale Belange, die vormals französische Kolonien waren bzw. noch heute zu den „Départements d'Outre-Mer", den französischen Provinzen außerhalb Frankreichs, eben jenen „jenseits des Meeres", gehören.

Anfang des 20. Jahrhunderts hatte die Trennung von Staat und Kirche in Frankreich den Ordensgemeinschaften zu schaffen gemacht, da sie nun kein Geld mehr vom Staat bekamen. Dieser konnte jedoch auf die Dienste der Nonnen als Krankenschwestern nicht verzichten, weshalb die Arbeit im Kermaria-Kloster, in dem die Ordens- zu Krankenschwestern ausgebildet wurden, in der streng katholischen Region der Maillette weiterhin geschätzt und beansprucht wurde.

3. L'exposition de Kermaria

En 2014, et pour la première fois, je me trouve directement confrontée au tragique passé franco-allemand de la Bretagne et à ses suites. En été, pendant ma visite, se déroule au couvent de Kermaria, près de Locminé, une des nombreuses expositions sur la Première guerre mondiale qui ont lieu un peu partout en Europe cette année-là.

Mais c'est surtout celle de Kermaria qui me touche de près, car mes relations particulières avec cette région, que j'aime, et avec ses habitants, me permettent un accès différent, plus direct, aux objets exposés et aux textes les expliquant. Et en les voyant je fais passer en revue dans mes pensées l'histoire de ma propre famille.

Le couvent de Kermaria, fondé à la fin du 19e siècle, est situé à un kilomètre environ du centre de Locminé. Dans un vaste parc orné d'arbres et de plantes exotiques se trouve la chapelle Saint-Joseph, de style néo-gothique, entourée d'un complexe de bâtiments plus importants – en granit pour la plupart ; les sœurs de l'Ordre des Filles de Jésus y vivent encore aujourd'hui. L'Ordre s'engage en particulier, dans les régions du globe qui étaient autrefois des colonies françaises, ou qui font partie aujourd'hui des Territoires et Départements d'Outre-Mer, dans le domaine de l'éducation, de la santé et des questions sociales.

Au début du 20e siècle les communautés religieuses souffrent de la séparation de l'église et de l'état, car elles ne reçoivent plus de subsides de ce dernier. Cependant, celui-ci ne pouvant pas se priver des services des sœurs comme infirmières, on continue, dans cette région très catholique de la Maillette, à apprécier leur travail et à les mettre à contribution au couvent de Kermaria, là où elles ont été formées.

Als der Erste Weltkrieg ausbrach und die ersten bretonischen Soldaten an die Front im Osten des Landes geschickt wurden, boten die Schwestern von Kermaria sofort jenen Familien ihre Hilfe an, in denen jetzt die Frauen und Kinder die Arbeit der abwesenden Männer übernehmen mussten. Und so pflanzten und ernteten die Schwestern den ganzen Krieg hindurch auf den umliegenden Feldern. Dabei verwandelten sie die vormals sorgsam gepflegten Rasenflächen im Park ihres Klosters in Gemüsegärten zur Versorgung der Armen und Bedürftigen um. In ihrer Küche versorgten sie die Kinder und Frauen der Soldaten – und pflegten deren ältere Verwandten, damit sich die arbeitsfähigen Frauen um die Feldarbeit und die Gärten kümmern konnten.

Nur ein paar Wochen nach dem Beginn des Krieges Anfang August stellte die Mutter Oberin, Mère Louise, sich, ihre Schwestern und ihre Novizinnen in den Dienst des roten Kreuzes und funktionierte den Saal St. Joseph in ein Krankenhaus um, in dem verletzte französische oder alliierte Soldaten möglichst vollständig geheilt wurden – leider oft nur, um erneut in die Schützengräben geschickt zu werden.

Doch neben den Verwundeten, die Mère Louise vom Krankenhaus von Vannes geschickt wurden, suchten auch andere Kriegsflüchtlinge hier Zuflucht: Schon am 28. August erreichte eine Gruppe von Novizinnen aus Saint-Omer die rettenden Mauern des Klosters. Es sollten ihnen zahlreiche vertriebene Familien aus Belgien und dem Osten des Landes wie auch die Frauen und Familien von verwundeten Soldaten folgen, die von den Schwestern entweder aufgenommen wurden oder anderweitig Hilfe erfuhren.

Die Hauptaufgabe der Schwestern war es jedoch, alles zu tun, was der Genesung der verwundeten Soldaten förderlich war, nachdem sie aus dem gänzlich überfülltem Militärhospital von Vannes schnellstmöglich entlassen worden waren. Vom 25. September 1914 bis zum 1.März 1917 wurden 1.382 Soldaten im Kloster gesund gepflegt. Mit neuen Kleidungsstücken, die ihnen die Schwestern genäht oder gestrickt hatten, verließen sie schließlich das Kloster.

Dès l'éclatement de la Première guerre mondiale, alors que les premiers soldats bretons sont envoyés sur le front à l'est du pays, les sœurs de Kermaria proposent leur aide aux familles dont les femmes et les enfants doivent à présent effectuer le travail des hommes absents. C'est ainsi que pendant toute la guerre les sœurs vont cultiver les champs aux alentours et y faire les récoltes. À côté de cela, elles transforment les pelouses autrefois bien soignées du parc de leur couvent en potager, pour pouvoir en nourrir les pauvres et les plus démunis. Dans leurs cuisines, elles font à manger pour les femmes et les enfants des soldats – et soignent leurs proches plus âgés pour que les femmes en mesure de travailler puissent s'occuper du jardinage.

Quelques semaines seulement après le début de la guerre, début août, la mère supérieure, Mère Louise, se met au service de la Croix rouge, de même que ses sœurs et les novices. Elle transforme la Salle Saint-Joseph en hôpital, où les soldats blessés, français ou alliés, doivent se rétablir aussi complètement que possible – pour être le plus souvent renvoyés dans les tranchées, malheureusement.

En plus des blessés, qu'on envoie de l'hôpital de Vannes à Mère Louise, se retrouvent aussi en cet endroit des réfugiés ayant fui la guerre et y cherchant asile. C'est ainsi que le 28 août un groupe de novices de Saint-Omer atteint les murs du couvent salvateur. Suivront de nombreuses familles expulsées de Belgique et de l'est du pays, ainsi que les femmes et les familles des soldats blessés, que les sœurs vont accueillir ou qui trouveront de l'aide par ailleurs.

Cependant la tâche principale des sœurs c'est de tout faire pour favoriser la guérison des soldats blessés, après leur renvoi prématuré de l'hôpital militaire de Vannes, bondé. Du 25 septembre 1914 au 1er mars 1917, 1382 soldats vont passer leur convalescence au couvent. Ils le quittent guéris, portant des habits neufs que les sœurs leur ont confectionnés ou tricotés.

Im Zentrum der damaligen Aktivitäten, im Saal St. Joseph, fand die Ausstellung im Jahre 2014 statt. Kaum hatten Denise und ich den Vorraum des Saales betreten, wurden wir schon herzlich von einer der Schwestern begrüßt, die heute nicht mehr die unpraktischen langen Röcke und ausladenden Hauben tragen, sondern sich zivil und recht leger kleiden. Nur das Kreuz an der langen Kette weist noch auf ihre Zugehörigkeit zum Orden hin.

Denise ist im Kloster gut bekannt. Zum einen liegt ihre Schule, das Collège Jean-Pierre Calloc'h, direkt gegenüber der Zufahrt zum Kloster auf der anderen Seite der Straße. Und zum anderen engagiert sich Denise seit 30 Jahren für eine Schule auf Haiti, ein Projekt, das von den Schwestern von Kermaria betreut wird. Selbst an mich konnte sich die Schwester noch erinnern. „Est-ce que ce n'est pas vous la dame qui a organisé chez nous ce beau concert de la chorale de Medebach?" („Sind Sie nicht die Dame, die bei uns dieses schöne Konzert des Chores aus Medebach organisiert hat?"), wurde ich gleich von ihr gefragt.

Als Denise und ich aus dem Vorsaal in den großen Saal St. Joseph traten, erklang ein Lied aus dem Lautsprecher, welches die Soldaten aus Kermaria bei ihrem Abschied aus dem Kloster gesungen hatten:

„Amis, c'est l'heure des adieux
(Freunde, das ist die Abschiedsstunde)
Y'a d'la tristesse plein les yeux
(In den Augen bemerkt man die Trauer)
A Kermaria lanlaire, à Kermaria!
(Und die Sehnsucht nach Kermaria, nach Kermaria!)

Und dann folgten noch weitere Strophen, in denen die Soldaten beschrieben, wie glücklich sie in Kermaria waren, ja, dass sie sich wie in einem Paradies auf Erden fühlten. Sie erzählten davon, dass sie nichts für ihre Behandlung zahlen mussten, dass sie ihre Kräfte wiedererhalten hatten und ihr Appetit durch das gute Essen angeregt worden sei. Und schließlich neckten sie in dem Lied noch die Schwester Augustine, die mit dem Chinin

L'exposition de 2014 se déroule sur les lieux même de ce qui s'est passé en ce temps-là, dans la salle Saint-Joseph. À peine avons-nous pénétré, Denise et moi, le vestibule de la salle, qu'une des sœurs vient déjà nous accueillir chaleureusement. De nos jours, ces dernières ne portent plus les robes longues et peu pratiques, ni les cornettes très larges, mais des habits civils plus confortables. Seule la croix suspendue au bout d'une longue chaîne rappelle leur appartenance à l'Ordre.

Denise est bien connue au couvent. D'une part son école, le collège Jean-Pierre Calloc'h, se trouve juste en face de l'entrée du couvent, de l'autre côté de la rue. D'autre part Denise s'engage depuis 30 ans à aider une école à Haïti, un projet qui est accompagné par les sœurs de Kermaria. La sœur se souvient même de moi. « Est-ce que ce n'est pas vous la dame qui a organisé chez nous ce beau concert de la chorale de Medebach ? » me demande-t-elle dès notre rencontre.

Quand nous quittons, Denise et moi, le vestibule pour entrer dans la grande salle Saint-Joseph, les haut-parleurs diffusent le chant que les soldats de Kermaria ont entonné en quittant le couvent :

« Amis, c'est l'heure des adieux

Y'a d'la tristesse plein les yeux

A Kermaria lanlaire, à Kermaria ! »

Puis d'autres couplets suivent, dans lesquels les soldats décrivent combien ils ont été heureux à Kermaria, qu'ils s'y sont même sentis comme dans un paradis sur terre. Ils relatent qu'ils n'ont rien eu à payer pour les soins reçus, que leurs forces sont revenues, et qu'ils ont retrouvé l'appétit grâce à la bonne chère. Et, pour finir, ils se moquent gentiment dans cette chanson de Sœur Augustine

nicht geizte, die Köchin, Schwester Désirée, mit ihrer Vorliebe für Kartoffeln, die Schwester von Carmel, die mit ihnen sang, aber nicht immer richtig, was von Schwester Agathe mit den Worten: „Das ist nun mal so!“ kommentiert worden sei.

Darauf folgten weitere Lieder aus der Zeit von 1914 bis 1918, die alle bei einem Konzert in der Kapelle des Klosters im November 2013 aufgeführt worden waren.

Dank der CD mit Liederheft, die ich mir sofort kaufte, konnte ich musikalisch die einzelnen Stationen der Ausstellung nachvollziehen.

Die Ausstellungsobjekte bezogen sich zunächst auf die weltpolitische Lage im Jahre 1914, stellten dann ausführlich die Rolle des Klosters Kermaria in der Zeit des Ersten Weltkrieges dar, um schließlich anhand von Bildern und originalen bzw. originalgetreu rekonstruierten Exponaten auf den Alltag der Soldaten in den schlammigen, blutgetränkten Schützengräben einzugehen: auf ihre Bewaffnung, auf diverse Gegenstände, die sie aus den Resten von Granaten und anderem Kriegsgerät gebastelt hatten, auf ihre anderen Freizeitbeschäftigungen, die aus Kartenspiel, Briefeschreiben und Gesang bestanden, und nicht zuletzt auf ihre Kriegsverletzungen. Nur die seelischen Verletzungen konnte die Ausstellung nicht sichtbar machen, wenngleich auf Informationstafeln die Traumata der Soldaten geschildert wurden, die man auch hier in der Idylle von Kermaria zu heilen versucht hatte.

Am Schluss der Ausstellung entdeckte ich eine Postkarte aus Deutschland, die der Schreiner Joseph Éveno am 3. Dezember 1915 an seine Verwandten in der Rue Neuve in Locminé geschrieben hatte. Sie war mit den Worten „Kriegsgefangenen-Carte“ überschrieben und kam aus dem Stammlager Senne bei Paderborn, also nicht weit von meinem Wohnort entfernt. Noch heute befinden sich dort Kasernen der Bundeswehr und weitläufige Truppenübungsplätze. Der mit Bleistift geschriebene Text, der nur Grüße und Allgemeinplätze wie „Es geht mir gut!“ enthielt, doch keinerlei Hinweise auf den wahren Zustand von Joseph Éveno in seinem Kriegsgefangenenlager, war mit meh-

qui ne lésine pas sur la quinine, de Sœur Désirée qui préfère les pommes de terre, de la sœur carmélite qui chante avec eux, mais pas toujours juste, ce que Sœur Agathe commente par ces paroles : « On ne peut rien y faire ! »

Passent ensuite d'autres chansons de l'époque 1914–1918, toutes enregistrées lors d'un concert ayant eu lieu dans la chapelle du couvent en novembre 2013.

Grâce au CD, que j'achète immédiatement, et aux textes contenus dans le livret, je peux suivre chaque étape de l'exposition en musique.

Les documents présentés se rapportent d'abord à la situation géopolitique de l'année 1914, puis y est décrit en détail le rôle du couvent de Kermaria pendant la Première guerre mondiale, pour enfin, à l'aide de photos et d'objets originaux ou reconstitués à l'identique, traiter de la vie quotidienne des soldats dans les tranchées boueuses et ensanglantées – de leur armement, d'objets divers fabriqués dans des éclats de grenades ou d'autres munitions, de leurs autres occupations qui consistent à jouer aux cartes, à écrire des lettres et à chanter – sans oublier d'évoquer leurs blessures de guerre. Mais les blessures de l'âme, on ne peut pas les rendre visibles dans une exposition, même si les traumatismes des soldats, qu'on a ici aussi tenté de guérir, dans ce Kermaria idyllique, sont décrits en détail sur des panneaux.

À la fin de l'exposition je tombe sur une carte postale d'Allemagne que le menuisier Joseph Éveno a écrite à sa famille, rue Neuve à Locminé, le 3 décembre 1915. On y a rajouté la mention « Carte de prisonnier » et elle provient du camp de Senne près de Paderborn, donc tout près de là où j'habite. On y trouve encore aujourd'hui des casernes de l'armée allemande et de grands champs de manœuvres. Le texte écrit au crayon ne contient que des formules de politesse et des généralités, par exemple « Je vais bien ! », mais aucune mention de l'état dans lequel se trouve en réalité Joseph Éveno au camp de prisonniers.

reren Stempeln versehen worden, die deutlich machten, dass der Text viele Kontrollinstanzen passieren musste, bis er so von der Zensur zusammenradiert worden war, dass der Inhalt als ungefährlich für die Reise nach Frankreich erachtet wurde.

Einen großen Teil der Ausstellung nahmen die Materialschlachten in und um Verdun ein: 300 Tage und 300 Nächte regneten 20 Millionen explodierender Granaten auf die französischen und deutschen Soldaten herab! 379.000 Todesopfer, Verwundete und Vermisste waren auf der französischen Seite zu beklagen, 335.000 auf deutscher!

Als ich diese Bilder der Hölle und diese unfassbaren Zahlen sah, kamen mir plötzlich die Tränen, denn ich musste daran denken, dass sich unter diesen Opfern von Verdun auch mein Großvater väterlicherseits befand.

Von ihm besitze ich nur zwei Erinnerungen: Bei der einen handelt es sich um ein Bild, das ihn im Jahre 1914 bei seiner Verlobung neben meiner Großmutter zeigt – er sitzt aufrecht in seinem besten schwarzen Anzug, geschmückt mit Vatermörderbinde und einer Brokatweste an einem Tischchen, auf deren weißer Tischdecke ein geöffnetes Buch liegt.

Meine hübsche Großmutter mit ihrem zum Knoten gebundenen brünetten Haaren stützt sich mit verschränkten Armen etwas mehr auf den Tisch auf. Sie trägt über ihrer hochgeschlossenen weißen Bluse eine luftige Jacke aus weißem Voilestoff, die mit schwarzen Satinbändern an den halblangen Ärmeln und an dem V-Ausschnitt geschmückt ist.

Meine Großeltern sehen sich nicht an, sondern sie blicken in die Kamera des Fotografen. Trotzdem vermittelt das Bild den Eindruck eines glücklichen Paares. Meine Großmutter lächelt ...

Als mein Bruder und ich klein waren, erzählte uns Oma oft in ihrem westfälischen Platt davon, wie sie den schneidigen, aber sehr schüchternen Heinrich Ortwein kennengelernt hatte. Meine Großmutter hieß vor ihrer Heirat Wilhelmine Jäger und war die älteste Tochter eines Bauern aus dem Dörfchen Anröchte, das auf halbem Wege zwischen den Städten Lippstadt und Rüthen liegt.

Ce texte s'accompagne de plusieurs tampons, témoignant du nombre de contrôles qu'il a dû subir, jusqu'à ce que son contenu, toujours plus réduit par la gomme de la censure, ne soit considéré comme assez inoffensif pour qu'il puisse être envoyé en France.

Les batailles de matériel autour de Verdun, et dans la ville même, occupent une grande partie de l'exposition : 20 millions de grenades explosives sont tombées pendant 300 jours et 300 nuits sur les soldats, français comme allemands ! On déplore 379 000 victimes, tués, blessés ou disparus du côté français, 335 000 du côté allemand !

En voyant ces images de l'enfer, et ces chiffres incommensurables, j'ai les larmes aux yeux. Je ne peux pas m'empêcher de penser que mon grand-père paternel se trouvait, lui aussi, parmi les victimes de Verdun.

Je ne possède de lui que deux documents pour me souvenir. Le premier, c'est une photo qui le montre à côté de ma grand-mère, le jour de ses fiançailles, en 1914 – dans son costume noir du dimanche, le faux-col amidonné et en gilet de brocart, il est assis bien droit derrière une petite table, sur la nappe blanche se trouve un livre ouvert.

Ma jolie grand-mère, les cheveux châtains noués en chignon, se penche un peu en s'appuyant sur la table des bras croisés. Sur un chemisier blanc à col montant elle porte une veste légère en voile blanc, bordée de satin noir aux manches à mi-coudes et à l'encolure en V. Mes grands-parents ne se regardent pas, leur regard se dirigent vers l'appareil du photographe. Et pourtant cette photo donne l'impression d'un couple heureux. Ma grand-mère sourit...

Quand nous étions petits, mon frère et moi, Oma (mamie) nous racontait souvent, en dialecte de Westphalie, comment elle avait fait la connaissance d'Heinrich Ortwein, jeune homme fringant mais très timide. Ma grand-mère s'appelait Wilhelmine Jäger avant son mariage, elle était la fille aînée d'un paysan du village d'Anröchte, à mi-chemin entre les petites villes de Lippstadt et de Rüthen.

Als junges Mädchen ging sie mit ihren Geschwistern und Freunden zu einem Tanz in den Mai, zu dem eine kleine Musikkapelle aus Lippstadt aufspielte. Und bei dieser Gelegenheit erblickte sie ihren späteren Mann das erste Mal. Er begleitete auf seiner Zither in dieser Kapelle die neuesten Berliner Schlager von Paul Lincke. Nach dem Lied *„Was machst Du mit dem Knie, lieber Hans?"* machten die Musiker eine Pause. Da nahm meine Großmutter all ihren Mut zusammen und sprach ihren späteren Mann Heinrich an und fragte ihn, wie er zum Musiker geworden war. Mein Großvater erzählte ihr, dass er eigentlich als Schuhmacher arbeitete, doch das Musizieren sein Hobby sei. Ja, und sein Lieblingslied sei das zuletzt gespielte.

Bei diesem Gespräch verliebten sich mein Großvater und meine Großmutter ineinander. Und das Paul-Lincke-Lied sollte fortan ihr Lieblingslied werden, weshalb sie dann auch ihr erstes Kind, meinen Vater, „Hans" nannten.

Das zweite Dokument drückt exakt das Gegenteil des ersten aus: Es handelt sich dabei um ein Gerichtsurteil, das in Lippstadt am 9. März 1921 durch den Amtsgerichtsrat Schulte-Steinberg verkündet wurde. In diesem kalten, gefühllosen Schreiben des preußischen Amtsgerichts in Lippstadt wird mein Großvater, der am 26. September 1889 geborene Heinrich Ortwein, für tot erklärt.

Als Zeitpunkt seines Todes nannte man in dem Dokument den 28. September 1918, um 12.00 Uhr, als Todesort Verdun. Er gehörte als Ersatzreservist der 5. Kompagnie des Reserve-Infanterie-Regiments Nr. 13 zum letzten Aufgebot der deutschen Wehrmacht in Verdun – und fiel nur wenige Wochen, bevor das Deutsche Kaiserreich im November kapitulierte und der Krieg zu Ende war.

Und dass der während der letzten Gefechte Vermisste nun – drei Jahre nach dem Ende des Krieges – für tot erklärt wurde, hatte, so makaber das klingt, auch einen Vorteil: Meine damals erst 28 Jahre alte Großmutter brauchte nach drei Jahren der Entbehrungen, in denen sie sich mit ihren beiden Kindern, meinem damals fünf Jahre alten Vater und seiner dreijährigen Schwester mühselig

Un jour, jeune fille, elle est allée avec ses frères et sœurs ainsi que des amis à une fête de « Tanz in den Mai » (danse du mois de mai) où jouait un petit orchestre de Lippstadt. C'est à cette occasion qu'elle a vu pour la première fois celui qui allait devenir son mari. Il accompagnait les succès du berlinois Paul Lincke avec sa cithare dans cet orchestre. Après la chanson *« Qu'est-ce que tu fais avec ton genou, mon cher Hans ? »*, les musiciens ont fait une pause. Ma grand-mère a pris son courage à deux mains et est allée demander à Heinrich, son futur mari, comment il était devenu musicien. Mon grand-père lui a raconté qu'en fait il travaillait comme cordonnier, mais que faire de la musique, c'était son passe-temps. Et que sa chanson préférée, c'était celle qu'ils venaient de jouer en dernier.

C'est pendant cette conversation que mes grands-parents sont tombés amoureux. Et la chanson de Paul Lincke devait devenir « leur » chanson, et c'est pour cela qu'ils ont appelé « Hans » leur premier enfant, mon père.

Le deuxième document procure un sentiment exactement à l'opposé du premier : il s'agit d'un jugement rendu à Lippstadt le 9 mars 1921 par le magistrat de la Cour de district Schulte-Steinberg. Dans cette lettre officielle du tribunal de Lippstadt, on déclare, dans un style glacial et sans âme, que mon grand-père, Heinrich Ortwein, né le 26 septembre 1889, est considéré comme décédé. Sont indiqués dans ce document comme lieu et heure de son décès Verdun, le 28 septembre 1918, à 12 heures. En tant que réserviste de remplacement de la 5e Compagnie du Régiment d'Infanterie de Réserve N° 13, il a fait partie de la dernière mission de l'armée allemande à Verdun – et est tombé quelques semaines seulement avant la capitulation de l'Allemagne et la fin de la guerre.

Qu'un porté disparu lors des derniers combats soit enfin déclaré mort à la guerre – trois ans après l'armistice – se révéla être bénéfique, aussi macabre que cela puisse paraître : après trois années de privations pendant lesquelles elle s'était débrouillée avec ses deux enfants – mon père alors âgé de cinq ans, et sa petite

durchschlug, die Hinterbliebenenrente. Sie wurde ihr nur ausgezahlt für einen toten Mann, nicht für einen vermissten!

Und dann sah ich in Kermaria auch Bilder von Szenen nach dem Krieg, die zeigten, wie die Überlebenden der Gefallenen und Vermissten aus Locminé gedachten. Ihre Namen wurden in den Granit der vielen Ehrenmäler gemeißelt. Bei einer dieser Denkmalenthüllungen am 4. Dezember 1921 hielt der vielfach für seine Tapferkeit im Krieg dekorierte Julien Le Roy eine Rede, in der er seinen Kameraden, die der Hölle von Verdun, Souhesmes, Villers-sur-Semoy, Argonne oder den Schützengräben von Poivre, Les Éparges und anderen blutgetränkten Orten nicht entkommen waren, gedachte. Neben dem Patriotismus, mit dem le Roy den Sieg der Franzosen überhöhte, mischte sich auch der Wunsch, dass sich ein solcher Krieg nie wiederholen dürfe.

Und nachdem ich diese Rede gelesen hatte, musste ich daran denken, wie anders das Leben von vielen Familien in diesem bretonischen Mikrokosmos verlaufen wäre, wenn der Krieg sie in Ruhe gelassen hätte und ihre Männer zu Hause geblieben wären!

Und auch die Geschichte meiner Familie wäre ganz anders verlaufen, wenn mein Großvater unbeschadet aus dem Krieg zurückgekommen wäre. Meine Großmutter wäre nicht mit 25 Jahren Witwe gewesen! Ihr Sohn Hans und ihre Tochter Maria, die drei Monate nach dem Ende des Krieges auf die Welt kam, hätten einen Vater gehabt, der für die Familie sorgen konnte!

Vielleicht wäre der sehnliche Wunsch meines Vaters, das Abitur zu machen, Französisch zu studieren und Studienrat zu werden, in Erfüllung gegangen! Stattdessen hatte er es nicht gewagt, seine Mutter und meine Großmutter, die nach dem Krieg mit dem Bügeln der Wäsche anderer Leute Geld verdiente, noch mehr zu belasten und er verließ deshalb nach der zehnten Klasse das Gymnasium, um eine Lehre als kaufmännischer Angestellter zu beginnen.

Als Denise und die Schwester, die miteinander plauderten, endlich merkten, dass ich in Tränen aufgelöst war, wollten sie wissen, was mich so bewegte und ich erzählte ihnen die Ge-

sœur de trois ans – ma grand-mère, qui n'avait alors que 28 ans, avait grand besoin d'une pension de veuve de guerre. Mais celle-ci n'était versée que pour un défunt, pas pour un porté disparu !

Et voilà qu'à la fin de l'exposition de Kermaria je vois également des photos représentant des scènes de l'après-guerre, dans lesquelles les survivants commémorent les soldats de Locminé, morts ou disparus. On a gravé leurs noms dans le granit des nombreux monuments aux morts. Lorsqu'on dévoile l'un de ces monuments le 4 décembre 1921, Julien Le Roy, décoré de nombreuses fois pour son courage pendant la guerre, fait un discours dans lequel il évoque ses camarades qui n'ont pas réchappé de l'enfer de Verdun, de Souhesmes, de Villers-sur-Semoy, d'Argonne, ou aux tranchées de Poivre, Les Éparges et autres lieux baignés de sang. Aux accents de patriotisme, avec lesquels Le Roy rehausse le rôle de la France dans la victoire, se mêle le souhait que plus jamais une telle guerre ne se reproduise.

Après avoir lu ce discours, je me mets à réfléchir à ce qu'aurait été la vie de nombreuses familles dans ce microcosme breton si la guerre les avait épargnées, et si les hommes étaient restés chez eux !

Et l'histoire de ma famille aurait suivi elle aussi un autre cours si mon grand-père était revenu sain et sauf de la guerre. Ma grand-mère n'aurait pas été veuve à 25 ans ! Son fils Hans et sa fille Maria, venue au monde trois mois après la fin de la guerre, auraient eu un père qui aurait pu subvenir aux besoins de sa famille !

Le désir le plus cher de mon père, celui de passer son bac et de faire des études pour devenir professeur de français, aurait alors peut-être pu se réaliser ! Au lieu de cela, il n'a pas osé rester plus longtemps à la charge de sa mère, elle qui devait repasser le linge d'autrui pour gagner leur vie après la guerre. Et c'est pour cela qu'il a quitté le lycée après la classe de seconde pour faire un apprentissage d'employé de commerce.

schichte meines Großvaters, an die ich durch die Ausstellung erinnert worden war.

Daraufhin nahm die Schwester mich in die Arme und tröstete mich mit den Worten: „Cela n‘arrivera plus maintenant! Les Français et les Allemands sont enfin des amis!“ – („Das wird nie mehr passieren! Die Franzosen und die Deutschen sind jetzt endlich Freunde!“).

Quand Denise et la sœur, plongées dans leur conversation, finissent par se rendre compte que je suis en larmes, elles veulent savoir ce qui m'a tant bouleversée et je leur raconte l'histoire de mon grand-père que l'exposition m'a rappelé.

La sœur me prend alors dans ses bras et me console en disant : « Ça n'arrivera plus maintenant ! Les Français et les Allemands sont enfin des amis ! »

4. Die Straße der Befreiung

Es war am 28. Oktober 2017, dem ersten Samstag während der Ferien zu Allerheiligen, als in dem kleinen Dorf Bignan bei Locminé, in dem Denise wohnt, etwas Erstaunliches passierte.

Jeden Morgen pflegten Denise, unsere gemeinsame tschechische Freundin Libussa und ich uns um 8.30 Uhr im Esszimmer zu treffen, um den Tag mit einem gemütlichen Frühstück zu beginnen. Dabei kam es uns weniger auf die Nahrungsbefriedigung und das Löschen unseres Kaffeedurstes an, als vielmehr auf die Gemeinschaft, die bei diesem Essen gepflegt wurde. Daher genossen wir nun das gemeinsame Essen und das gemeinsame Erzählen.

Denise sparte nicht mit wohlwollendem Spott, wenn Libussa und ich dem kräftigen, dunklen Brot statt dem schlanken, weißen Baguette und dem Käse und der Rillette-Fleischpastete statt der Konfitüre zusprachen. Käse und Rillette hatten nach Meinung von Denise auf dem Frühstückstisch nichts zu suchen, sondern wurden von ihr nur zum umfangreichen Abendessens akzeptiert.

Kaum hatten wir unser derart geschätztes Frühstück beendet, als Maria, die älteste Schwester von Denise, wie jeden Morgen ins Haus kam, um mit uns noch einen „petit café“ (einen kleinen Kaffee) zu trinken.

„Maria! Hast du in der Zeitung gelesen, was heute gegen 11.30 Uhr bei uns hier in Bignan passieren wird?“, fragte Denise ihre Schwester. „Meinst du etwa die Einweihung des Gedenksteins auf dem Platz vor dem Rathaus?“, fragte Maria zurück. „Ja, die meine ich!“, antwortete Denise und fügte hinzu: „Das solltest du dir nicht entgehen lassen! Schließlich bist du ja damals dabei gewesen, als die Amerikaner uns befreit haben! Du behauptest ja immer, dass du dich an diesen Tag noch wie an gestern erinnern kannst, obwohl du damals erst sechs Jahre alt warst.“

Maria nickte. „Kann ich auch! Wenn man als Kind nach einer solchen langen Zeit der Entbehrungen und des Hungers plötzlich

4. La Voie de la Libération

Le 28 octobre 2017, le premier samedi des vacances de la Toussaint, il se passe quelque chose de surprenant dans le petit village de Bignan où habite Denise, près de Locminé.

Tous les matins nous avons l'habitude, Denise, mon amie tchèque Libussa et moi, de nous retrouver dans la salle à manger à huit heures et demie pour commencer la journée en prenant un bon petit déjeuner. En fait il s'agit moins de satisfaire notre appétit ou d'étancher notre soif de café que de manger en bonne compagnie. C'est pour cela que nous profitons de nos repas en commun et de nos conversations.

Denise ne se prive pas de se moquer gentiment de nous deux Libussa et moi qui préférons le pain noir et nourrissant à la baguette blanche et fine, et le fromage et les rillettes à la confiture. À son avis fromage et rillettes n'ont rien à faire sur une table de petit-déjeuner, elle ne les accepte que s'ils font partie d'un repas du soir complet.

À peine avons-nous fini ce petit-déjeuner ainsi apprécié que Maria, la sœur aînée de Denise, arrive comme tous les matins pour reprendre avec nous « un petit café ».

« Maria ! Est-ce que tu as lu dans le journal ce qui va se passer ici à Bignan aujourd'hui vers 11 heures et demie ? » demande Denise à sa sœur. « Tu veux dire l'inauguration de cette borne commémorative sur la place devant la mairie ? » demande à son tour Maria. « Oui, c'est ça ! » répond Denise en ajoutant : « Tu ne dois pas manquer ça ! Finalement tu étais là quand les Américains nous ont libérés ! Tu dis toujours que tu te souviens de ce jour-là comme si c'était hier, alors que tu n'avais que six ans à l'époque. »

Maria acquiesce de la tête. « Mais bien sûr que je m'en souviens ! Quand on est enfant, et qu'après une si longue période de privations et de famine on se fait offrir des bonbons et du chocolat

von fremden Soldaten Bonbons und Schokolade geschenkt bekommt, dann vergisst man das nie. Wir waren auf das Ereignis gut vorbereitet, denn bereits eine Stunde vor dem Eintreffen der Amerikaner erhielten wir die Nachricht, dass deren Wagenkolonne auf dem Weg nach Locminé auch Bignan durchqueren würde. Daraufhin schickten uns unsere Eltern in die Gärten, damit wir alle Blumen, die darin blühten, pflückten, um sie vor und auf die Wagen der Amerikaner zu werfen."

Dann sah sie auf ihre Uhr und meinte: „Es ist ja gerade erst 10.00 Uhr. Da habe ich noch genügend Zeit, um zum Friseur zu gehen. Bis später!"

Nicht mal eine Stunde später räumten Denise und ich das gespülte Geschirr in die Schränke des Esszimmers ein und ließen dabei hin und wieder unsere Blicke zu dem großen Fenster schweifen, das früher mal als Schaufenster eines Ladens gedient hatte. Jetzt hängt dort eine durchsichtige Gardine, sodass man von innen sowohl die Autos auf der Straße am Haus vorbeifahren sieht, als auch erkennen kann, wer über den Bürgersteig davor entlanggeht. Gerade als wir mal wieder einen Blick durchs Fenster warfen, fuhr ein Auto mit Gendarmen daran vorbei. Ihm folgte ein Korso mit Militärfahrzeugen in olivgrün: Lastwagen, Jeeps, Sanitätsfahrzeuge und schwarze Oldtimer-Autos aus vergangenen Tagen hielten direkt vor der Haustür auf der Straße an, die offenbar von den vorausfahrenden Gendarmen gesperrt worden war. Einige der Autos waren mit amerikanischen Flaggen geschmückt. Ein schwarzer Wagen trug auf seinem Heck einen in weißer Farbe aufgemalten Stern – und ein Jeep die Aufschrift „Lady Liberty".

Aus den Oldtimern stiegen Zivilpersonen aus, die in Zivil und im Stile der Vierziger-Jahre gekleidet waren. Krankenschwestern in altmodischer Tracht (blaugraue Kittel, dunkelgraue Ponchos, weiße Schwesternhäubchen) verließen die Wagen des Roten Kreuzes. Zur gleichen Zeit sprangen schwerbewaffnete Soldaten in den Uniformen der amerikanischen GIs aus den Jeeps und von den Ladeflächen der Lastkraftwagen, während eine andere Gruppe von Soldaten Regimentsfahnen, die französische Triko-

par des soldats étrangers, on ne peut pas oublier ça. On était bien préparé à cet évènement, car une heure avant l'arrivée des Américains on nous avait déjà informés que la colonne d'engins en route vers Locminé passerait par Bignan. Sur ce, nos parents nous ont envoyé cueillir dans le jardin toutes les fleurs que nous pourrions trouver pour ensuite les jeter devant et sur les voitures des Américains. »

Puis elle regarde sa montre et lance : « Il n'est que 10 heures, j'ai encore le temps d'aller chez le coiffeur. À tout-à-l'heure ! »

Moins d'une heure plus tard Denise et moi sommes en train de ranger la vaisselle dans le buffet de la salle-à-manger, tout en dirigeant de temps en temps nos regards vers la grande fenêtre qui servait autrefois de vitrine à un magasin. Y est maintenant suspendu un rideau transparent, permettant de voir les voitures qui passent dans la rue devant la maison et de reconnaître qui marche sur le trottoir. Nous jetons justement un nouveau coup d'œil par la fenêtre, qu'une voiture de gendarmes passe. Suit un défilé de véhicules militaires couleur vert olive – camions, jeeps, ambulances – et de voitures noires d'un autre temps. Il fait halte juste devant la porte d'entrée, apparemment les gendarmes qui viennent de passer ont barré la rue. Quelques voitures sont décorées de drapeaux américains, on a peint sur le capot d'une voiture noire une étoile blanche – et sur une jeep l'inscription « Lady Liberty ».

Des gens en civil portant des habits dans le style des années quarante descendent des voitures anciennes. Des infirmières en costume démodé (blouse bleu-gris, cape gris foncé, bonnet blanc) quittent l'ambulance de la Croix-Rouge. Au même moment des soldats lourdement armés, portant l'uniforme des GIs américains, sautent des jeeps et des plateformes des camions, pendant qu'un autre groupe de soldats brandit des bannières de régiment, le drapeau tricolore français, la bannière étoilée américaine, l'Union

lore, das amerikanische Star Spangled Banner, den britischen Union Jack, und auch eine australische Flagge schwangen. Vor wenigen Minuten hatten wir uns noch in dem modernen Bignan mit seinen vielen alten Granithäusern befunden, um uns einen Augenblick später in einer Szenerie wie aus einem Film aus dem Zweiten Weltkrieg wiederzufinden!

„Barbara, les Américains, ils sont là!“ („Barbara, die Amerikaner sind da!“), rief mir Denise zu und öffnete dabei schon ihre Haustür, um die seltsame Gesellschaft zu begrüßen. Ich folgte ihr neugierig auf den Bürgersteig. Aus dem altmodischen schwarzen Wagen waren gerade ein älterer Herr und eine bedeutend jüngere Dame – offenbar seine Frau – ausgestiegen, die sich von den Neuankömmlingen dadurch unterschieden, dass sie keine historische Kleidung trugen, sondern in zeitgenössischer Weise gekleidet waren.

Den weißhaarigen Herrn in Zivil sprach Denise sogleich an.

„Bonjour, Monsieur. Est-ce que vous n'êtes pas le petit-fils du General Wood?“ (Guten Morgen, mein Herr! Sind Sie der Enkel von General Wood?“), wollte sie sogleich von ihm wissen.

Als er das bejahte, zog mich Denise neben sich.

„Dieses ist meine deutsche Freundin Barbara Ortwein. Sie schreibt Bücher über die Auswanderung der Deutschen in die USA und ist darum oft in den USA. Und das, Barbara, ist Monsieur John Shirley Wood, der Enkel des Generals, der unser Dorf von den Deutschen befreit hat.“

Wir gaben uns die Hand und ich begrüßte den Enkel des Befreiers von Bignan in englischer Sprache.

Er lächelte mir zu und antwortete ebenfalls auf Englisch: „Well, Sie, Madam, sind heute ganz bestimmt die einzige Deutsche hier!“

Womit er sicherlich Recht hatte.

Dann entschuldigte sich Herr Wood, er müsse nun zum Rathaus gehen, wo die Einweihung des in Bignan für die „Voie de la Libération“ (Straße der Befreiung) aufgestellten Gedenksteines in Kürze beginnen sollte. Und auf seine Anordnung setzte sich eine Prozession aus historischen Personen – Soldaten, Kranken-

Jack britannique ainsi que le drapeau australien. Il y a seulement quelques minutes, on se trouvait dans le Bignan d'aujourd'hui avec ses vieilles maisons en granit, et on se retrouve l'instant d'après au beau milieu d'une scène de film de la seconde guerre mondiale !

« Barbara, les Américains, ils sont là ! » lance Denise dans ma direction, tout en ouvrant la porte d'entrée pour aller saluer cette étrange compagnie. Avec curiosité, je la suis sur le trottoir. Un homme d'un certain âge et une femme bien plus jeune – manifestement son épouse – viennent de descendre d'une voiture ancienne noire. Ils se distinguent des autres nouveaux-venus par leur tenue : en effet ils ne portent pas de costumes historiques mais des vêtements contemporains.

Denise aborde aussitôt l'homme en civil aux cheveux blancs.

« Bonjour Monsieur. Est-ce que vous ne seriez pas le petit-fils du général Wood ? » lui demande-t-elle sans hésiter.

Lorsqu'il acquiesce, Denise m'attire à côté d'elle.

« Voici mon amie Barbara Ortwein. C'est une Allemande, elle écrit des livres sur l'émigration des Allemands aux États-Unis et elle y va souvent pour cette raison. Barbara, je te présente Monsieur John Shirley Wood, le petit-fils du général qui a libéré notre village des Allemands. »

Nous nous serons la main et je salue le petit-fils du libérateur de Bignan en anglais.

Il me sourit et me répond en anglais lui aussi : « Well, Madame, vous êtes certainement la seule Allemande à se trouver ici aujourd'hui ! »

En disant cela il a sûrement raison.

Monsieur Wood prend alors congé en s'excusant, il faut qu'il aille à la mairie où doit commencer sous peu la cérémonie d'inauguration de la borne sur la nouvelle« Voie de la Libération ». À son commandement, les personnages historiques – soldats, infirmières,

schwestern, Sanitätern, Würdenträgern und offensichtlich aus der Zeit gefallenen Zivilpersonen– in Gang, um die Straße bis zum Rathaus an der Kirche zurückzugehen.

Denise eilte mit mir ins Haus zurück, damit wir unsere Jacken und Fotoapparate holen konnten. Und auch Libussa schloss sich uns an. Da die offizielle Enthüllung des Grenzsteins durch Monsieur Wood erst um 11.30 Uhr erfolgen sollte, war noch mehr eine halbe Stunde Zeit. Deshalb hatten sich die Bewohner von Bignan noch gar nicht auf die Ankunft von Monsieur Wood eingestellt. Nur allmählich füllte sich der gegenüberliegende Bürgersteig vom Rathaus mit einer kleinen Gruppe von Leute, die vom Einkaufen gekommen waren und sich plötzlich mit einem Schauspiel in ihrem Dorf konfrontiert sahen, wie es sich ihnen sonst nicht bot.

Es sollte auch noch einige Minuten dauern, bis der Bürgermeister von Bignan und sein Stellvertreter zum Rathaus geeilt waren, da auch sie wohl nicht vermutet hatten, dass die Zeremonie früher als geplant beginnen würde – was in Frankreich sehr ungewöhnlich ist, da man dort eher zu Verspätungen neigt.

Während Denise eine kleine Gruppe ihrer hier in Bignan lebenden Verwandten begrüßte, die mir als die Kinder von Maria und damit die Nichten und Neffen von Denise vorgestellt wurden, schaute sie immer wieder um sich. Schließlich rief sie ihren Nichten und Neffen voller Ungeduld zu: „Ich möchte gerne mal wissen, wo eure Mutter steckt! Warum musste sie auch gerade jetzt zum Friseur gehen!“

Doch Maria ließ sich nicht blicken und alles Bedauern über ihre Abwesenheit half nichts, denn der Bürgermeister war inzwischen gekommen, womit der offizielle Teil beginnen konnte.

Es war eine Zeremonie, wie sie so eindrucksvoll vielleicht nur die Franzosen inszenieren können. Ein Trompeter leitete die Feier mit einer Fanfare ein. Auf dem Rasen vor dem Rathaus hatte sich ein großer Kreis von Würdenträgern in den Uniformen des Zweiten Weltkrieges formiert, die mit ihren Fahnen einen bunten und patriotisch wirkenden Rahmen bildeten, während in der Mitte die Zivilpersonen standen: der mit einer blau-weiß-

ambulanciers, porteurs de drapeaux et personnes en civil venues tout droit du passé – se mettent en procession pour remonter la rue jusqu'à la mairie, située près de l'église.

Denise et moi nous retournons en vitesse à la maison pour aller chercher nos vestes et nos appareils-photo. Libussa se joint à nous. Comme le dévoilement officiel de la borne par Monsieur Wood ne doit avoir lieu qu'à 11heures et demie, dans une bonne demi-heure, les habitants de Bignan n'attendent pas encore l'arrivée de Monsieur Wood. Le trottoir en face de la mairie ne se remplit que peu à peu, et seul un petit groupe de spectateurs qui revient juste de faire ses courses se trouve convié tout à coup à un spectacle tel qu'on n'en offre pas si souvent dans leur village.

Il se passe encore quelques minutes avant que le maire de Bignan et son premier adjoint n'arrivent à la mairie en toute hâte. Ils n'ont sûrement pas eu la moindre prémonition, eux non plus, que la cérémonie ait pu commencer plus tôt que prévu – ce qui est tout à fait inhabituel en France, où on a plutôt tendance à être en retard.

Pendant que Denise va dire bonjour à un petit groupe de gens de sa famille qui vit ici à Bignan, et qu'on me présente comme étant les enfants de Maria et donc les neveux et nièces de Denise, celle-ci n'arrête pas de regarder autour d'elle. Remplie d'impatience, elle finit par lancer à ses neveux et nièces : « Je voudrais bien savoir où elle se cache, votre mère ! Mais quelle idée d'aller chez le coiffeur justement maintenant ! »

Mais Maria brille par son absence, et on a beau le regretter, entre temps le maire est arrivé et la partie officielle peut commencer.

C'est une cérémonie comme peut-être seuls des Français sont capables de mettre en scène d'une manière aussi spectaculaire. Une sonnerie de clairon annonce le début de la fête. Sur la pelouse devant la mairie se sont rassemblés en cercle élargi des dignitaires en uniforme de la Deuxième guerre mondiale, formant avec leurs drapeaux un cadre multicolore aux accents patriotiques, alors

roten Schärpe geschmückte Bürgermeister, ein amerikanischer Konsul in Frankreich und John Shirley Wood, der Enkel des Generals John Wood.

Aus den Reden dieser drei Männer erfuhr man, dass der von den Deutschen gefürchtete General John Wood, der wegen seines Mutes von ihnen den Spitznamen „Tiger Jack“ erhalten hatte, mit Soldaten der 1. und 2. Kompanie der 4. US-Panzerdivision den Ort Bignan am 4. August 1944 befreit hatte. Um 11.30 Uhr seien 700 US-Soldaten unter dem überschwänglichen Jubel der Bevölkerung durch das Dorf marschiert und hätten sich am Dorfmittelpunkt eine Stunde aufgehalten, damit General Wood die Übergabe der Verwaltung im Rathaus regeln konnte. In dieser Zeit holten die Bignaner schnell die französischen Flaggen aus den Verstecken und hissten sie an den Häusern. Als dann die Kinder ihre selbstgepflückten Blumen den amerikanischen Soldaten überreichten, wurden sie – wie Maria schon berichtet hatte – von diesen mit Schokolade, Bonbons und Kaugummi beschenkt.

Die GIs waren quer durch den Norden Frankreichs von der Küste der Normandie, wo sie am sogenannten D-Day an der Utah-Beach gelandet waren, 300 Kilometer in den Westen vorgedrungen und schließlich über die Orte Plumelec, St.Jean-Brévelay, Bignan, Locminé und Baud in Richtung Vannes weitergezogen. Vor ihrer Ankunft hatten die deutschen Besatzungssoldaten überstürzt und offenbar planlos diese Dörfer und Städtchen im Inneren der Südbretagne verlassen und waren zur Küste geflohen, wo die großen Flottenverbände der Deutschen lagen, von denen sie sich Hilfe bei ihrer Flucht erhofften. Nur weg hier aus den warmen Nestern, in denen sie es sich so gemütlich gemacht hatten!

Nachdem der Bürgermeister von Bignan aus einem Augenzeugenbericht über die Befreiung zitiert hatte, stellte der US-Konsul im lupenreinen Französisch die Sicht seiner Regierung auf diesen bedeutungsvollen Vorgang im Zweiten Weltkrieg dar, der das Ende der deutschen Besatzung in diesem Teil Frankreichs eingeläutet habe und ein wichtiger Meilenstein zum Sieg der Alliierten war, weil damit der Weg zu den bretonischen Häfen erobert

qu'au centre se trouvent les civils : le maire orné d'une écharpe tricolore, un consul américain en France, et John Shirley Wood, le petit-fils du général John Wood.

On peut retenir des discours de ces trois hommes que le général, surnommé « Tiger Jack » pour son courage et craint par les Allemands, a libéré Bignan le 4 août 1944 à la tête des soldats de la 1ère et de la 2e Compagnie de la 4e division blindée américaine. À 11 heures 30, ses 700 soldats ont défilé dans le village sous les acclamations délirantes de la population puis se sont arrêtés pendant une heure dans le centre, le temps de permettre au général Wood de régler le transfert de l'administration à la mairie. Pendant ce temps-là, les Bignanais sont vite allés chercher les drapeaux français qu'ils avaient cachés, et les ont hissés aux fenêtres des maisons. Et quand les enfants tendent aux soldats américains les fleurs qu'ils ont cueillies eux-mêmes, ceux-ci leur offrent du chocolat, des bonbons et du chewing-gum – comme Maria l'a déjà décrit.

Les GIs ont progressé en venant du nord depuis les côtes de Normandie, où ils ont débarqué le jour appelé D-Day à Utah-Beach, à 300 kilomètres à l'ouest, pour finalement poursuivre leur route en passant par Plumelec, Saint-Jean-Brévelay, Bignan, Locminé et Baud en direction de Vannes. Les soldats de l'occupation allemande ont quitté avant leur arrivée les villages et bourgs de l'intérieur des terres du sud de la Bretagne, précipitamment et en déroute apparemment, et se sont réfugiés sur les côtes où se trouve la flotte des Allemands, dans l'espoir qu'elle les aide dans leur retraite. Vite se sauver d'ici, abandonner ces nids douillets où on menait pourtant une vie si confortable !

Le maire de Bignan cite alors un témoin oculaire de la Libération, et dans un français parfait, le consul américain évoque le point de vue de son gouvernement sur ces opérations cruciales de la Deuxième guerre mondiale, qui ont marqué la fin de l'occupation allemande dans cette partie de la France et ont été une

wurde, die in der damaligen Zeit noch alle in deutscher Hand gewesen seien.

Bevor Monsieur John Shirley Wood den Grenzstein in Bignan enthüllte, ging er kurz auf die militärische Karriere seines Großvaters ein, in dessen beruflicher Laufbahn Frankreich und die Liebe zu Frankreich eine große Rolle gespielt habe. Schon 1917 habe das US-Oberkommando John Wood als Kommandanten der 3. Artilleriedivision nach Frankreich geschickt. Von 1929 bis 1932 habe er an der Kriegsakademie in Paris studiert und während dieser Zeit ein Praktikum beim 35. Artillerieregiment in Vannes gemacht, jener Stadt, die er 15 Jahre später mit seinen Truppen von den Deutschen befreite. Er, John Shirley Wood, sein Enkel, habe die Liebe zu Frankreich geerbt, denn er lebe seit vielen Jahren in Paris und habe auch eine Pariserin geheiratet.

Nach den drei Reden enthüllte Monsieur Wood das kleine Denkmal in Form eines Grenzsteins neben dem Rathaus. Der Trompeter stimmte dann die amerikanische Nationalhymne an, was die Einheimischen nicht sonderlich zu beeindrucken schien: Es wurde nicht einmal mitgesummt. Da ich sie durch meine langjährigen offiziellen Kontakte in die USA gut kenne, stimmte ich in den Gesang von Monsieur Wood und dem US-Konsul mit ein, wofür ich von den Bignanern erstaunt angeschaut wurde, da sie ja wussten, dass ich Deutsche war und nicht Amerikanerin. Dennoch blieb der Effekt unseres Gesangs bescheiden.

Ganz anders die Wirkung bei der französischen Nationalhymne, der Marseillaise, die dann folgte. Hierzu vereinigten sich alle Bignaner zu einem großen Chor und erwiesen sich auch als ziemlich textsicher. Zur Verwirrung meiner Umgebung sang ich auch hier wieder mit – um meine Sympathie mit den Franzosen auszudrücken!

Beim Singen der Nationalhymnen ließen die Fahnenträger die amerikanische und die französische Fahne sowie die Regimentsfahnen der an der Befreiung beteiligten Soldatenverbände herab und kaum waren die Klänge der Marseillaise verklungen, als dann doch noch etwas Erstaunliches passierte: Die vermisste Maria, eine der wenigen noch lebenden Zeitzeugen des Ereignis-

étape majeure vers la victoire des alliés – en effet on a pu ainsi reconquérir la route menant aux ports bretons, tous encore aux mains des Allemands à ce moment-là.

Avant de dévoiler la borne de Bignan, Monsieur John Shirley Wood rappelle brièvement la carrière militaire de son grand-père, pour le déroulement de laquelle la France et son amour pour la France ont joué un grand rôle. Dès 1917, le haut commandement américain envoie John Wood en France pour commander la 3e division d'infanterie. De 1929 à 1932, il est étudiant à l'Académie militaire de Paris et pendant ce temps-là il fait un stage au 35e Régiment d'infanterie à Vannes, la ville même qu'il devait libérer à la tête de ses troupes quinze ans après. Quant à lui, John Shirley Wood, son petit-fils, il a hérité de lui son amour pour la France – en effet il habite depuis de nombreuses années à Paris et il a même épousé une Parisienne.

Après ces trois discours, Monsieur Wood dévoile à côté de la mairie le petit monument en forme de borne. Puis le clairon entonne l'hymne américain, ce qui ne semble pas impressionner particulièrement les habitants, qui n'essayent même pas de le fredonner. Comme je le connais bien depuis longtemps grâce à mes contacts officiels avec les États-Unis, je joins ma voix à celles de Monsieur Wood et du consul américain, ce qui fait les Bignanais me regarder avec étonnement, car ils savent bien que je suis allemande et non américaine. Mais notre chant ne fait pas beaucoup d'effet malgré tout.

Rien à voir avec l'impact de l'hymne national français qui résonne ensuite, la Marseillaise. Tous les Bignanais se mettent à chanter en chœur, ils connaissent bien les paroles. Et à la confusion de mon entourage, je joins là aussi ma voix à la leur – pour exprimer de cette façon ma sympathie pour les Français !

Pendant que les hymnes nationaux retentissent, les drapeaux américains et français et les bannières des troupes ayant participé à la Libération sont abaissés par leurs porteurs, mais les échos de la Marseillaise sont à peine évanouis qu'on peut assister à quelque

ses vor 73 Jahren hier in Bignan, erschien endlich am Schauplatz der Zeremonie!

Viel zu schnell für eine Frau ihres Alters eilte sie auf die Menschenmenge zu, in der sich ja auch ihre Verwandten befanden. Als sie ihre Schwester Denise und ihre Kinder und Enkelkinder erreichte, brach sie in Tränen aus und stieß nur atemlos die Worte hervor: „Warum konnten sie nicht auf mich warten? Ich war doch pünktlich!“

Und tatsächlich – es war gerade erst 11.30 Uhr, die genaue Uhrzeit der Befreiung von Bignan vor 73 Jahren!

chose d'étonnant : La disparue, Maria, un des derniers témoins encore vivants de ce qui s'est passé ici à Bignan il y a 73 ans, arrive enfin sur la scène de la cérémonie !

Bien trop vite pour une femme de son âge, elle se hâte vers la foule où se trouve aussi sa famille. Quand elle rejoint sa sœur Denise, ses enfants et ses petits-enfants, elle se met à pleurer et ne peut que balbutier, hors d'haleine : « Mais je suis donc à l'heure ! Pourquoi est-ce qu'ils ne m'ont pas attendue ? »

C'est vrai – il est tout juste 11heures et demie, l'heure exacte de la libération de Bignan il y a 73 ans !

5. Der Ausflug nach Étel

Maria sollte sich im Verlauf unseres Aufenthalts bei ihrer Schwester Denise nicht beruhigen können und rief bei jedem unserer Treffen immer wieder unvermittelt aus: „Ach, dass ich diese wichtige Zeremonie verpasst habe! Ach, wäre ich doch nicht ausgerechnet an diesem Morgen zum Friseur gegangen!“

Sie sollte nicht die einzige Person sein, die es bedauerte, dass sie bei der Einweihung des Gedenksteins nicht anwesend war. Kaum hatte der Konvoi mit den Soldaten, den Krankenschwestern und den Zivilpersonen in ihrer altmodischen Kleidung das kleine Dorf verlassen, um in Locminé, der nächsten Station auf der „Straße der Befreiung“, einen weiteren Markstein einzuweihen, da verließen auch Libussa, Denise und ich den Rathausvorplatz und gingen nach Hause. Dort begegneten wir einem der Nachbarn von Denise, der gerade eine Einkaufstasche aus seinem Auto in seine Wohnung holen wollte.

Denise sprach ihn gleich darauf an, dass sie ihn bei der Einweihung des Gedenksteins vermisst hätte. „Was?“, rief der junge Mann. „Die Einweihung ist schon vorbei?“ Und als Denise die Frage bejahte, entfuhr dem Nachbarn das berüchtigte M...wort (Merde = Scheiße). Ohne sich für diese Entgleisung zu entschuldigen, rief er: „Ich fahre jetzt sofort nach Baud, denn in Locminé ist gewiss schon alles vorbei, wenn ich dort ankomme. Vielleicht kann ich in Baud noch die Zeremonie miterleben!“ Dann knallte er die Haustür zu, sprang in seinen Wagen und machte sich auf den Weg ins 35 km entfernte Baud.

Während Denise und ich die Zeremonie am Morgen beobachtet hatten, war uns gar nicht aufgefallen, dass unsere gemeinsame Freundin Libussa sich nicht zu uns auf den Platz, sondern an den Rand der Zuschauergruppe gestellt hatte. Das war typisch für sie, denn da Libussa zwar ausgezeichnet Deutsch, aber nicht Französisch sprechen kann, hat sie immer Angst, von den redseligen Bretonen angesprochen zu werden.

5. L'excursion à Étel

Pendant toute la suite de notre séjour chez Denise, sa sœur, Maria n'arrive pas à se calmer, et à chaque fois que nous nous voyons elle s'exclame à brûle-pourpoint : « Mais comment est-ce que j'ai pu rater cette cérémonie si importante ! Ah si seulement je n'étais pas allée chez le coiffeur justement ce matin-là ! »

Elle n'est pas la seule à regretter de ne pas avoir été là pour l'inauguration du monument. À peine le convoi avec ses soldats, infirmières et civils en habits démodés a-t-il quitté le petit village en direction de Locminé, la prochaine étape sur la « Voie de la Libération », pour aller inaugurer une autre borne, que Libussa, Denise et moi nous sortons de la place devant la mairie pour retourner à la maison. Là nous tombons sur un des voisins de Denise en train de sortir un sac de courses de sa voiture pour le porter dans son appartement.

Denise l'aborde en lui disant qu'elle a remarqué son absence à l'inauguration de la borne. « Quoi ? » s'exclame le jeune homme. « L'inauguration a déjà eu lieu ? » Et quand Denise acquiesce, son voisin laisse échapper un m ... bien senti. Sans s'excuser de ce dérapage, il continue : « Je pars tout de suite à Baud, car cela sera sûrement terminé à Locminé quand j'y arriverai. À Baud j'aurai peut-être encore une chance d'assister à la cérémonie. » Il fait claquer la porte d'entrée et saute dans sa voiture pour se rendre à Baud, à 35 kilomètres de là.

Pendant que Denise et moi nous suivions la cérémonie ce matin, nous n'avions pas remarqué que notre amie commune Libussa n'était pas restée près de nous sur la place, mais qu'elle s'était mise à l'écart du groupe de spectateurs. C'était typique de sa part, car en effet si Libussa parle très bien l'allemand, elle ne parle pas le français et a toujours peur d'être abordée par les Bretons qui sont plutôt volubiles.

Umso erstaunter waren wir, als wir uns nach dem Ende der Zeremonie nach Libussa umschauten und sie im Gespräch vertieft mit einer jungen Frau fanden, mit der sie Deutsch sprach. Diese junge Frau namens Gaëlle erklärte uns zunächst in Französisch, dass sie vor kurzer Zeit mit ihrem Mann und ihren Kindern ins Nachbarhaus von Denise gezogen war.

Dann erzählte sie uns in einem sehr flüssigen Deutsch, dass sie und ihr Mann noch vor Kurzem einige Jahre in Deutschland – im Norden bei Hannover – gelebt hatten: ihr Mann sei dort als Soldat stationiert gewesen, während sie als Französischlehrerin gearbeitet habe.

Wie erstaunt sei sie gewesen, als sie diese Dame – sie zeigte dabei auf Libussa – angesprochen und hier in Bignan eine Deutsch sprechende Tschechin, die auch noch bei ihrer Nachbarin Denise wohnte, kennengelernt habe.

Es reichte der Austausch von wenigen Worten und schon hatten wir Gaëlle und ihren Mann zu uns zum Essen eingeladen – zu einer amerikanischen Kürbissuppe als Vorspeise, Königsberger Klopsen mit Kapernsauce und gekochten Kartoffeln als Hauptgang und roter Grütze mit Schlagsahne als Dessert.

Das hauptsächlich typisch deutsche Essen hatte ich schon am Vortag für unsere langjährigen bretonischen Freunde zubereitet. Immer wenn ich in der Bretagne bin, bitten sie mich, für sie deutsche Gerichte zu kochen, damit sie mal wieder etwas Anderes probieren können. Wie ich noch von meinem letzten Besuch wusste, stehen Königsberger Klopse, das Lieblingsgericht des Philosophen Immanuel Kant, bei ihnen hoch im Kurs!

Auch Gaëlle und ihr Mann Martin hatten am Abend des gleichen Tages gegen Kants Lieblingsgericht nichts einzuwenden. Sie freuten sich vielmehr, auf diese Art und Weise ihre Erinnerungen an die vergangene Zeit in Deutschland aufzufrischen. Sie gaben allerdings zu, dass sie dieses Gericht noch nie vorher gegessen hatten. Stattdessen kannten sie sich mit Currywurst aus, für die sie wohl eine große Schwäche hatten. Leider konnten wir damit nicht dienen, doch der Abend endete mit interessanten Gesprächen.

Quelle n'a pas été notre surprise lorsqu'à la fin de la cérémonie, en cherchant Libussa des yeux, nous l'avons trouvée en pleine conversation avec une jeune femme à qui elle parlait en allemand. Cette jeune femme, Gaëlle, nous a d'abord expliqué, en français, qu'elle venait d'emménager dans la maison voisine de celle de Denise, avec son mari et ses enfants.

Elle nous a ensuite raconté, en allemand courant, ses années passées en Allemagne – dans le nord près de Hanovre – jusqu'à récemment : son mari y était stationné en tant que soldat, et elle travaillait comme professeur de français.

Elle a été bien étonnée lorsqu'elle a abordé cette dame – dit-elle en montrant Libussa – de faire la connaissance comme cela ici à Bignan d'une Tchèque parlant allemand et qui en plus habite chez sa voisine Denise.

Il a suffi de quelques mots pour que nous invitions déjà Gaëlle et son mari à venir manger chez nous – au menu : une soupe de potiron à l'américaine en entrée, des boulettes de Königsberg en sauce blanche aux câpres et des pommes de terre vapeur en plat de résistance, et en dessert une compote de fruits rouges à la crème chantilly.

Ce menu, typiquement allemand pour l'essentiel, je l'avais déjà préparé la veille pour nos amis de longue date. Car à chaque fois que je viens en Bretagne, ils me demandent de leur faire des plats allemands pour qu'ils puissent goûter à autre chose. Je savais depuis ma dernière visite que les boulettes de Königsberg, le plat préféré du philosophe Emmanuel Kant, ont toujours la cote !

Le soir même, Gaëlle et son mari Martin ne trouvent rien à redire non plus au plat préféré de Kant. Ils se réjouissent d'autant plus de pouvoir ainsi raviver le souvenir de leur temps passé en Allemagne. Ils avouent cependant n'avoir jamais goûté à ce plat auparavant. Par contre ils s'y connaissent en saucisse au curry, pour laquelle ils avouent avoir un petit faible. Elle n'est malheureusement pas au menu, mais la soirée finit quand même par d'intéressantes conversations.

Obwohl Denise seit elf Jahren pensioniert ist, geht sie immer noch drei Mal in der Woche in die Schule, um unentgeltlich in ihrer ehemaligen Arbeitsstätte die Schülerinnen und Schüler bei ihren Arbeiten im Computer-Raum zu beaufsichtigen und ihnen bei Probleme zu helfen. Auf die Frage, warum sie das mache, antwortete sie: „Erstens möchte ich etwas Nützliches tun, zweitens liebe ich es, meine ehemaligen Kolleginnen und Kollegen in der Schule zu treffen und drittens möchte ich Claudie, der Direktorin unseres Collèges, mit dieser Dienstleistung helfen, den Computerraum mehrere Tage in der Woche für die Schülerinnen und Schüler offen zu halten. Ihre Personaldecke ist nämlich knapp und sie kann keinen der bei ihr angestellten Lehrer dafür zur Verfügung stellen."

Dass Denise Zeit hatte, mit Libussa und mir durch die sonnige, von ausländischen Touristen entleerte, herbstliche Bretagne zu fahren, statt in die Schule zu gehen, hatte damit zu tun, dass Libussa und ich in diesem Jahr kurz vor Allerheiligen in Bignan eintrafen.

Im katholischen Frankreich ist Allerheiligen oder Toussaint – wie es hier genannt wird – seit Jahrhunderten eines der wichtigsten Feste im Kirchenjahr. Um den französischen Familien Gelegenheit zu geben, die Gräber ihrer lieben Verstorbenen in den entlegensten Winkeln der Republik besuchen zu können, bekommen die französischen Schulkinder um diesen Termin herum ein paar Tage schulfrei. Diese Kurzferien fielen zum Glück auch mit den in jenem Jahr sehr spät beginnenden Herbstferien in Nordrhein-Westfalen zusammen, auf die ich als Lehrerin bei meinen Reiseplänen angewiesen war.

Natürlich wollen Landratten immer zum Meer und darum fuhr uns Denise einige Male während unseres Aufenthalts zu den schönsten Küstenbereichen, die entweder am Golf von Morbihan oder am offenen Atlantik liegen. Und da fast täglich die Sonne schien, genossen wir das geschäftige Treiben am alten Hafen von Auray, schlenderten über die Schmugglerpfade auf der Halbinsel Saint Cado oder stemmten uns gegen den unablässig blasenden Wind an der Côte Sauvage bei Quiberon, der wilden Küste der Bretagne.

Bien que Denise soit à la retraite depuis onze ans, elle continue à aller trois fois par semaine dans son collège, son ancien lieu de travail, pour surveiller bénévolement les élèves qui font leurs devoirs dans la salle d'informatique et les aider s'ils ont des problèmes. Si on lui demande pourquoi elle le fait, elle répond : « D'abord je veux faire quelque chose d'utile, ensuite j'aime rencontrer à l'école mes anciens et anciennes collègues, et troisièmement, par ce service, je permets à Claudie, la directrice du collège, d'ouvrir la salle d'informatique aux élèves plusieurs jours par semaine. En effet elle manque de personnel et ne peut pas déléguer un des professeurs de l'école pour le faire. »

Que Denise ait le temps de nous faire faire un tour en voiture, à Libussa et moi, dans une Bretagne d'automne ensoleillée et libre de touristes étrangers, au lieu d'aller au collège, c'est que cette année nous sommes arrivées à Bignan peu avant la Toussaint.

En France, pays catholique, la Toussaint est depuis des siècles l'une des fêtes les plus importantes du calendrier liturgique. Pour donner aux familles françaises la possibilité d'aller sur les tombes de leurs chers défunts jusque dans les coins les plus reculés de la république, on accorde aux écoliers quelques jours de vacances autour de cette date. Heureusement ces petites vacances tombent en même temps que les vacances d'automne de Rhénanie-Westphalie, qui commencent très tard cette année, et dont je suis tributaire des dates pour mes projets de voyage en tant que professeur.

Bien sûr nous les terriennes nous voulons toujours aller au bord de la mer, et Denise nous conduit à plusieurs reprises pendant notre séjour sur les plus belles régions côtières du Golfe de Morbihan ou directement au bord de l'Atlantique. Et comme il fait beau presque tous les jours, nous pouvons profiter de l'animation affairée du vieux port d'Auray, nous nous promenons sur les sentiers de contrebandiers de la presqu'île Saint Cado ou bien nous nous battons contre le vent qui souffle sans relâche sur la Côte sauvage près de Quiberon.

Eines Morgens machten wir uns zu einem Küstenstreifen auf, den ich bisher auch noch nicht kennengelernt hatte: Es handelte sich um die Plage de Kerhillio in der Nähe von Étel. Der Strand – direkt am Atlantik gelegen – präsentierte sich an diesem Morgen trotz des Sonnenscheins fast menschenleer: Nur ein paar Surfer erlagen der Faszination des Wellenreitens, wenngleich ihnen nur ein mäßiger Erfolg beschieden war, da das Meer nahezu spiegelglatt vor uns lag und in der Herbstsonne golden glänzte.

Sonst gehörte Denise, Libussa und mir der kilometerlange weiße Sandstrand mit den vorgelagerten Inselchen, auf denen viele Seevögel leben, ganz allein. Schließlich führte uns unser Weg zu einer Verengung des Strandes, an der es kein Weiterkommen gab, da sich vor uns sowohl Felsen erhoben, über die wir hätten klettern müssen, als auch ein Zaun, der diesen Teil abgrenzte. Oben auf dem Felsen stand eine Art Wachturm, der allerdings in Trümmern lag.

Auf meine Frage, was dieser Turm für eine Funktion hatte, antwortete Denise: „Er gehört zu einer größeren Anzahl von Befestigungsanlagen, die sich an dieser Küste entlangziehen. Hier haben sich im Zweiten Weltkrieg grausame Kämpfe abgespielt. Wir befinden uns nur 20 Kilometer von Lorient entfernt, einer Stadt, die von den Deutschen zu ihrem wichtigsten U-Boot-Stützpunkt in diesem Abschnitt des Atlantiks ausgebaut wurde.

Das bekamen auch die Alliierten mit. Bis zur Befreiung der Bretagne, die im August 1944 begann, flogen sie täglich Bombenangriffe auf Lorient, wodurch die Stadt fast vollständig zerstört wurde und viele Opfer unter der Zivilbevölkerung zu beklagen waren. Erst 1945 ergaben sich die Deutschen und so lange mussten auch die Menschen in den umliegenden Dörfern und Städtchen Angst vor den Fliegerangriffen haben. Nach ihrem Anflug auf Lorient konnten die Menschen in Étel, wohin wir gleich fahren werden, und gegenüber der Flussmündung in Gâvres immer Teile der Stadt Lorient brennen sehen. Als die alliierten Bomberpiloten nach ihrem Angriff über dieser Bucht beidrehten, wurden sie von der deutschen Flak beschossen, die sich in solchen Wachtürmen an der gesamten Küste verschanzt hatten. Ach,

Un beau matin nous nous mettons en route pour une région côtière que je ne connais pas encore : il s'agit de la plage de Kerhillio près d'Étel. La plage – située directement au bord de l'Atlantique – est presque vide ce matin-là malgré le soleil : seuls quelques surfeurs ont succombé à la tentation de chevaucher les vagues, mais ils n'ont pas beaucoup de succès car devant nous la mer est étale, comme une mer d'huile, dorée sous le soleil d'automne.

Sinon la plage de sable blanc sur des kilomètres nous appartient entièrement, à Denise, Libussa et moi, avec ses petites îles au large et leurs colonies d'oiseaux de mer. Finalement notre chemin nous mène jusqu'à un rétrécissement de la plage. Il n'y a plus moyen de passer, car non seulement des rochers, que nous aurions dû escalader, se dressent devant nous, mais en plus une barrière clôt cette partie. Une sorte de tour de garde, en ruine cependant, se trouve en haut des rochers.

Je veux savoir à quoi a bien pu servir cette tour, et Denise me répond : « Elle fait partie d'un grand nombre de fortifications qui se trouvent tout au long de la côte. Il y a eu ici des combats acharnés pendant la seconde guerre mondiale. Nous nous trouvons à 20 kilomètres seulement de Lorient, une ville que les Allemands ont transformée en base navale de sous-marins, la plus importante sur cette partie de la côte atlantique.

Les alliés s'en sont aussi rendu compte, car jusqu'à la libération de la Bretagne, qui a commencé en août 1944, leurs avions ont lâché leurs bombes tous les jours sur Lorient, ce qui a causé la destruction presque complète de la ville et de nombreuses victimes ont été à déplorer parmi la population civile. Les Allemands ne se sont rendus qu'en 1945, et les habitants des villages et bourgs environnants ont dû vivre dans la crainte des attaques aériennes jusqu'alors. Après les raids sur Lorient, les habitants d'Etel de ce côté-ci et de Gâvres de l'autre côté pouvaient voir la ville en train de brûler. Quand les pilotes des bombardiers alliés faisaient ensuite demi-tour au-dessus de la baie, ils étaient mitraillés par la Flak allemande qui s'était retranchée dans des tours de garde comme celle-ci sur toute la côte. C'est vrai, on parle

ja, man spricht immer von der Luftschlacht um England und zeigt sie in vielen Filmen, doch hier an den bretonischen Küsten wurde nicht weniger leidenschaftlich gekämpft!“

Wir schwiegen und ließen unsere Blicke über den heute so zauberhaften und vor 73 Jahren so tödlichen Ort schweifen.

„Habt ihr in Bignan oder in Locminé auch noch etwas davon mitbekommen?“, fragte ich nach einer Weile.

„O, ja, als Lorient wie eine Fackel brannte, konnte man das sogar noch im 50 Kilometer entfernten Locminé sehen!“, fuhr Denise fort.

„Maria erzählt immer, dass sie sich noch genau daran erinnern kann, wie sie und die Bignaner mit den Flüchtlingen aus Gâvres in der Nähe unseres Kalvarienberges den Himmel betrachteten, der sich glutrot gefärbt hatte.“

„Und was oder wer ist Gâvres?“, wollte ich wissen.

„Das zeig ich euch gleich in Étel!“, antwortete Denise und gab damit das Zeichen zum Aufbruch.

Nur widerwillig verließen wir den Strand mit dem weißen Sand und dem glitzernden Meer und ließen uns von Denise an der Küste entlang bis nach Étel chauffieren.

Noch vor dem Ortseingang blieb Denise stehen und wies auf die vor uns liegende Mündung des Flusses Étel in den Atlantik. Sie zeigte auf eine noch relativ modern wirkende Siedlung am Hang auf der anderen Flussseite.

„Das ist Gâvres!“, meinte sie. „Und Gâvres hat für die Bignaner eine besondere Bedeutung – ja, auch für meine Familie,“ fügte sie hinzu. „Zuerst komme ich noch einmal kurz auf die Evakuierung von Gâvres ins Inland der Bretagne zurück, die für ihre Bewohner – vor allem für die Fischer, die ihren Beruf nicht mehr ausüben konnten – sehr traurig war. Ein Teil der Leute von Gâvres kam während des Krieges zu uns nach Bignan und wurde dort mehr als ein Jahr lang untergebracht, verpflegt und getröstet, während ihr Dorf dort drüben auf der anderen Seite der Flussmündung in Schutt und Asche gelegt wurde.

Als der Krieg endlich vorbei war, konnten die Gâvrais in ihr Heimatdorf zurückkehren, von dem buchstäblich nichts mehr üb-

toujours de la Bataille d'Angleterre, et elle est évoquée dans de nombreux films, et pourtant on ne s'est pas battu avec moins d'acharnement ici, sur les côtes bretonnes ! »

Nous nous taisons, et laissons nos regards errer sur cet endroit aujourd'hui si enchanteur, et si funeste il y a 73 ans.

« Est-ce-que vous vous êtes rendus compte de quelque chose à Bignan ou à Locminé » dis-je au bout d'un instant.

« Oh oui, quand Lorient a brûlé comme une torche, on pouvait encore le voir même à Locminé , à 50 kilomètres de distance ! », continue Denise.

« Maria raconte toujours qu'elle se souvient encore parfaitement d'avoir contemplé le ciel embrasé avec les Bignanais et les réfugiés de Gâvres, près de notre calvaire. »

« Et Gâvres, qu'est-ce que c'est ? » veux-je savoir.

« Je vais vous le montrer tout-à-l'heure, quand on sera à Étel ! » répond Denise, donnant ainsi le signal du départ.

À contrecœur, nous quittons la plage au sable blanc et la mer aux reflets scintillants, et nous faisons conduire par Denise le long de la côte jusqu'à Étel.

Denise s'arrête avant d'arriver au village et nous fait remarquer devant nous l'embouchure du fleuve Étel se jetant dans l'océan Atlantique. Elle nous désigne un lotissement qui semble encore relativement récent sur le coteau de l'autre côté du fleuve.

« Voilà Gâvres ! » nous dit-elle. « Gâvres a une signification particulière pour nous Bignanais – et pour moi et ma famille une signification même encore plus grande ! » ajoute-t-elle en riant. « Laissez-moi d'abord revenir un instant sur l'évacuation de Gâvres à l'intérieur des terres de Bretagne, ce qui a été une expérience très dure pour ses habitants – en particulier pour les pêcheurs qui ne pouvaient plus exercer leur métier. Une partie des Gâvrais sont venus chez nous à Bignan pendant la guerre, ils y ont été hébergés, nourris et soutenus pendant plus d'un an, alors que là-bas, de l'autre côté de l'embouchure du fleuve, leur village était réduit en cendres.

Lorsqu'enfin la guerre a été finie, ces réfugiés ont pu regagner leur village d'origine, mais il n'en restait littéralement pas pierre

riggeblieben war. Natürlich ließen es sich ihre zahlreichen Freunde in Bignan – so auch meine Eltern – nicht nehmen, während der Sommermonate ihren leidgeprüften Freunden beim Wiederaufbau ihrer Häuser zu helfen, wofür sie von den Gâvrais in den folgenden Nachkriegsjahren regelmäßig eingeladen wurden, bei ihnen an der Küste Urlaub zu machen.

Während dieser Sommer des Wiederaufbaus hat sich meine Schwester Maria dort sogar so heimisch gefühlt, dass sie jeden Morgen mit den Fischern von Gâvres auf das Meer hinausfuhr und erst spät am Nachmittag mit ihnen und den gefangenen Fischen zurückkam. Bis heute erinnert sie sich noch gerne daran!“

sur pierre. Bien sûr leurs nombreux amis de Bignan – et parmi eux mes parents – n'ont pas hésité à aider leurs amis de Gâvres, si rudement éprouvés, à reconstruire leurs maisons pendant les mois d'été, et pour c'est pour ça que dans les années qui ont suivi la guerre, ils ont été régulièrement invités à passer leurs vacances chez eux sur la côte.

Pendant tout l'été de la reconstruction, ma sœur Maria s'est si bien sentie comme chez elle qu'elle partait en mer tous les matins avec les marins pêcheurs de Gâvres, ne retournant avec eux et leur prise que tard dans l'après-midi. Elle s'en souvient encore aujourd'hui avec plaisir ! »

6. Die Bedeutung von Frankreich in meiner Familie

Libussa und ich konnten uns die glücklichen Sommertage vorstellen, die die damals noch sehr kleine Familie Moizan in Gâvres verbrachte, nachdem sie so viel im Krieg leiden musste. Und ihre Freude wird noch größer gewesen sein, als sie nach dem Krieg noch andere Kinder, darunter unsere Freundin Denise, bekam.

Dabei wäre es durchaus möglich gewesen, dass es auch mich und meinen Bruder nie gegeben hätte, wenn mein Vater nicht meine Mutter, sondern eine andere Frau, eine Bretonin, geheiratet hätte.

Hinter dieses Geheimnis meines Vaters bin ich erst nach und nach gekommen.

Schon als Kind wurde mir von meinem Vater vermittelt, dass alles, was aus Frankreich kam, gut war: Auf seine Anregung hin wurden in der Familie mit Vorliebe französische Produkte gegessen! Obwohl in den 60er- und 70er-Jahren französischer Camembert recht teuer war, kam dieser regelmäßig auf unseren Tisch. Gästen bot man in meiner Familie Cognac oder Bordeaux an. Man hörte in meiner Familie oft die neuesten französischen Chansons und auch die deutschen Versionen der Lieder von Mireille Mathieu, dem Spatz von Avignon, erfreuten sich großer Beliebtheit.

In meiner Schulausbildung wurden ebenfalls entsprechende Prioritäten gesetzt. Nach den ersten zwei Klassen auf dem Gymnasium, damals Sexta und Quinta genannt, konnte ich mich in der von den Schwestern der Christlichen Liebe geleiteten Marienschule in Lippstadt entweder für eine Ausbildung im stärker wissenschaftlichen Bereich oder für eine im Bereich der sogenannten Frauenbildung entscheiden. Während im erstgenannten Zweig als zweite Sprache nach Englisch Latein und naturwissenschaftliche Fächer im Mittelpunkt des Bildungsweges standen, wurde im zweiten Zweig der Schule als zweite Sprache Französisch gelehrt und es standen sogenannte frauenbildende Fächer

6. L'importance de la France pour ma famille

Nous arrivons bien à nous imaginer, Libussa et moi, les jours heureux passés à Gâvres ces étés-là par les Moizan, encore une petite famille à l'époque, après avoir tant souffert de la guerre. Et leur joie n'aura fait que grandir par la suite avec la venue d'autres enfants, dont notre amie Denise.

Par ailleurs il s'en est fallu de peu que ni mon frère ni moi n'aient vu le jour, si mon père n'avait pas épousé ma mère, mais une autre femme, une Bretonne.

Ce n'est que petit à petit que j'ai découvert le secret de mon père.

Dès mon enfance, mon père m'a transmis le goût de tout ce qui vient de la France. À la maison il nous pousse à manger des produits français de préférence ! Même si dans les années 60–70 le vrai camembert coûte très cher, on le trouve régulièrement au menu. On sert aux invités du cognac ou du bordeaux. On écoute souvent les chansons françaises les plus récentes dans ma famille, et on aime beaucoup les versions allemandes de celles de Mireille Mathieu, le moineau d'Avignon.

Pour ce qui est de ma scolarité, on s'est également fixé des priorités en conséquence. Après les deux premières années de lycée, appelées à l'époque sexta et quinta, je peux choisir de suivre à la Marienschule, tenue par les sœurs de l'Amour Chrétien à Lippstadt, une formation plutôt scientifique ou une formation dans un domaine plutôt « d'éducation féminine ». Si, dans la première filière, le latin, en deuxième langue étrangère après l'anglais, et les matières scientifiques se trouvent au centre de la formation scolaire, dans la deuxième filière c'est le français qui est enseigné, et des matières soi-disant d'éducation féminine telles

wie Hauswirtschaft (Kochen und Reinigen der Wohnung) oder Textilgestaltung auf dem Stundenplan. Aufgrund der letztgenannten Fächer endete der in diesem Bildungszweig abgelegte Abschluss mit dem „Puddingabitur", wie er im Volksmund ironisch abwertend genannt wurde.

Ich erinnere mich noch gut daran, dass es damals gar keine Diskussion über meinen Bildungsweg gab: Die Aussicht auf „Französisch" als Zweitsprache spielte für meinen Vater eine so große Rolle, dass er mich drängte, diesen zweiten Bildungszweig mit dem „Puddingabitur" einzugehen.

Denn mein Vater sprach ein sehr gutes, sehr elegantes Französisch, liebte diese Sprache und konnte mir bei meinen Schwierigkeiten, die ich mit dem Spracherwerb hatte, immer helfen. Ich bemerkte auch, wie begeistert er war, als die französischen Präsidenten und die deutschen Kanzler – allen voran Charles de Gaulle und Konrad Adenauer – die deutsch-französische Freundschaft begründeten und wie sehr er davon schwärmte, wie gut es sei, dass nun die schreckliche Feindschaft zwischen den Franzosen und den Deutschen endlich der Vergangenheit angehöre.

Seltsam war nur, dass meine Mutter die Frankreichbegeisterung meines Vaters, mit der er zwar nicht meinen Bruder, doch dafür mich infiziert hatte, so gar nicht teilte ...

Als ich 16 Jahre alt war, schickten mich meine Eltern mit einem Austauschprogramm erstmalig nach Frankreich, wo ich in einer Familie in Lille-Haubourdin einen wunderbaren vierwöchigen Urlaub verbrachte. Das lag vor allem daran, dass die Familie meiner Freundin Pascaline mich mitnahm in ein Landhaus in der Sologne, das sie sich mit anderen Verwandten aus Paris teilte.

Von hier aus besuchten wir nicht nur einige Schlösser der Loire, sondern auch die populären Theateraufführungen unter freiem Himmel, die man in Frankreich „Sons et Lumières" (Klang und Licht) nennt. Ich erinnere mich noch an die Fahrradtouren von einem Teich zum anderen in dieser so teichreichen Gegend oder an die zahlreichen Essen mit bis zu 15 Personen, die an einem lang gestreckten Tisch des Landhauses auf Bänken saßen.

que l'économie domestique (faire la cuisine et faire le ménage) ou les arts du textile se retrouvent sur l'emploi du temps. C'est à cause de ces matières-là que l'examen de fin d'études de cette filière a été surnommé ironiquement et péjorativement en langage familier le « bac pudding ».

Je me souviens encore très bien qu'à l'époque il n'y a pas eu la moindre discussion possible au sujet de mon parcours scolaire. La seule perspective de faire du « français » en deuxième langue a joué un si grand rôle pour mon père qu'il m'a poussée à prendre cette deuxième filière menant au « bac pudding ».

En effet mon père parlait très bien le français, un français élégant, il aimait cette langue et il était toujours en mesure de m'aider quand j'avais des difficultés dans son apprentissage. J'ai aussi remarqué combien il a été ravi quand les présidents français et les chanceliers allemands ont fondé l'amitié franco-allemande – Charles de Gaulle et Konrad Adenauer en particulier – et avec quel enthousiasme il disait qu'heureusement cette terrible hostilité entre les Allemands et les Français appartenait enfin au passé.

Ce qui est bizarre, c'est que cette fascination de mon père pour la France, fascination qu'il n'a pas pu transmettre à mon frère, mais à moi d'autant plus, ma mère ne la partageait pas du tout...

Quand j'ai eu 16 ans, mes parents m'ont envoyée pour la première fois en France dans le cadre d'un programme d'échange, j'y ai passé un mois de vacances merveilleux dans une famille de Lille-Haubourdin. C'est surtout parce que la famille de mon amie Pascaline m'avait emmenée avec elle dans leur maison de campagne en Sologne, maison qu'elle partage avec d'autres membres de leur famille de Paris.

De là-bas non seulement nous avons visité quelques châteaux de la Loire, mais nous avons aussi assisté à des représentations théâtrales de plein air qu'on appelle en France « Sons et Lumières ». Je me souviens encore des balades en vélo d'un étang à l'autre, dans cette région si riche en étangs, ou bien des nombreux repas pour jusqu'à 15 personnes, assises sur des bancs autour d'une table à rallonges dans la maison de campagne.

Besonders gut gefiel mir auch, dass wir Kinder und Jugendlichen auf dem Dachboden des Landhauses schliefen, wo unsere Betten – wie in einer Jugendherberge – aufgereiht standen.

Beim Gegenbesuch von Pascaline gaben sich nicht nur mein Vater, sondern auch meine Mutter viel Mühe, gute Gastgeber zu sein. Zwar konnten wir Pascaline keine Landhausferien bieten, doch meine Familie unternahm jeden Samstag und Sonntag Touren mit dem Auto, um ihr unsere Gegend zu zeigen. Und ich merkte, wie glücklich mein Vater war, sein geliebtes Französisch sprechen zu können, wenngleich auch nur in Deutschland.

Dass meine Mutter sich so abweisend zeigte gegenüber allem, was mit Frankreich zu tun hatte, konnte man daran merken, dass sie auf keinen Fall nach Frankreich reisen wollte. Ja, selbst als das Ziel unserer alljährlichen Sommerreise an eben dieser französischen Grenze lag, sprach sich meine Mutter vehement dagegen aus, sie zu überqueren. Am Schluss des sich daraus ergebenden Streits gab mein Vater klein bei, doch man merkte ihm seine Enttäuschung darüber noch tagelang an.

Ich erinnere mich, Diskussionen zwischen meinen Eltern überhört zu haben, in denen sie über dieses Thema einer Reise nach Frankreich heftig stritten. „Hans, ich weiß ja, warum du nach Frankreich fahren willst!“, rief meine Mutter aufgebracht. „Du denkst immer noch an diese Französin aus dem Krieg!“

Und auch wenn mein Vater das eloquent bestritt, war das immer das Argument, das den Streit zugunsten meiner Mutter beendete.

Diese Französin aus dem Krieg? Wer konnte damit gemeint sein?

Nur peu à peu sollte ich in den Jahren meiner Pubertät und meiner Adoleszenz erfahren, dass mein Vater offenbar während des Krieges ein Verhältnis mit einer Französin hatte ...

Wie schon erwähnt, hatte er seinen Vater am Ende des Ersten Weltkrieges verloren.

Damals war mein Vater etwas mehr als ein Jahr alt, sodass er und seine drei Monate nach dem Tod des Vaters geborene Schwester Maria, genannt Mia, vaterlos aufwuchsen.

Ce qui m'a surtout plu, c'est que nous, les enfants et les jeunes, nous dormions dans le grenier de la propriété, où nos lits se trouvaient alignés – comme dans une auberge de jeunesse.

Pour la visite en retour de Pascaline, mon père mais aussi ma mère se sont donnés beaucoup de peine pour être des hôtes parfaits. Bien sûr ils n'ont pas pu lui offrir de vacances en maison de campagne, mais ma famille a entrepris des excursions en voiture tous les week-ends pour lui montrer notre région. Et je me suis rendu compte que mon père était très heureux de pouvoir parler en français, cette langue qui lui était si chère, même si c'était seulement en Allemagne.

Quant à ma mère, on voyait bien qu'elle était réticente envers tout ce qui avait rapport à la France, car elle ne voulait y aller à aucun prix. Même si le but de notre voyage d'été annuel se trouvait être situé juste à la frontière française, ma mère se refusait catégoriquement à la traverser. À la fin de la dispute qui suivait c'était mon père qui cédait, mais on pouvait se rendre compte pendant des jours de sa déception.

Je me rappelle avoir entendu des discussions entre mes parents pendant lesquelles ils se disputaient violemment au sujet d'un voyage en France. « Hans, je sais bien pourquoi tu veux aller en France ! » s'exclamait ma mère en colère. « Tu penses toujours à cette Française de pendant la guerre ! »

Et même si mon père s'en défendait avec éloquence, c'était toujours l'argument qui mettait fin à la dispute, à l'avantage de ma mère.

Cette Française de pendant la guerre ? De qui pouvait-il bien s'agir ?

Ce n'est que peu à peu que j'allais comprendre, pendant mes années d'adolescence, qu'apparemment mon père avait eu une liaison avec une Française pendant la guerre...

Comme je l'ai déjà évoqué, il avait perdu son père à la fin de la première guerre mondiale.

Il avait alors un peu plus d'un an, de sorte qu'il a grandi, comme sa sœur Maria dite Mia née trois mois après la mort de son père, sans figure paternelle.

Meine Großmutter arbeitete hart, um ihre Kinder durch die schwierigen 1920er-Jahre zu bringen. Als alleinerziehende Mutter neigte sie dazu, ihre Kinder zu stark zu behüten und alles Unangenehme von ihnen fernzuhalten.

Das galt vor allem für ihre Tochter Maria, gegen deren Geburt sie sich regelrecht gewehrt hatte, nachdem ihr Mann kurz vorher in den Krieg gezogen und als vermisst gemeldet worden war. Seither glaubte sie stets dem Kind, das sie nur mit Widerwillen geboren hatte, etwas schuldig zu sein.

Während sie meine Tante zu Hause hielt und ihr bei der Arbeit helfen ließ, gestattete sie jedoch meinem Vater, Mitglied in Jungengruppen zu werden, damit er auch zu anderen männlichen Personen Kontakte hatte. Mein Vater engagierte sich zunächst in der Pfarrjugendgruppe von St. Joseph in Lippstadt, doch als die Nazis an die Macht kamen, musste er in die Hitlerjugend eintreten.

Wie in vielen anderen deutschen Familien wurde das Thema, wie weit die eigene Familie in den braunen Sumpf verstrickt gewesen war, auch bei uns ständig diskutiert und daher blieb es nicht aus, dass ich meinen Vater eines Tages fragte, wie er es denn mit Hitler gehalten hatte.

„Ich habe als 13-jähriger Junge Hitler in Lippstadt erlebt“, erzählte er mir. „Damals sind mehrere Tausend Leute gekommen, um Hitlers Rede zu hören. Ich war zu dieser Zeit von ihm sehr begeistert, denn ich glaubte seinen Versprechungen, dass er Deutschland wieder groß machen und vor allem die wirtschaftlich schwierige Lage verbessern würde.

Also fuhr ich mit dem Fahrrad die drei Kilometer vom Lippstädter Süden zum Schützenplatz und schlich mich dort ganz nach vorn in eine der ersten Reihen, die eigentlich für die Prominenz vorgesehen waren, damit ich alles ganz genau mitbekam, was er sagte. Seine Rede dauerte mindestens drei Stunden und wurde immer wieder von Beifall und ‚Heil‘-Rufen unterbrochen. Ich war fasziniert und schrie auch immer wieder laut ‚Bravo!‘.“

„Und was hat Hitler gesagt?“, wollte ich wissen.

„Hmm, daran kann ich mich nicht mehr erinnern!“, antwortete mein Vater.

Ma grand-mère a travaillé dur pour élever ses enfants pendant les années 20, années difficiles. En tant que mère s'occupant seule de ses enfants, elle avait tendance à les couver et à éloigner d'eux tout ce qui pouvait être désagréable.

C'était surtout valable pour sa fille Maria, dont elle avait carrément refusé d'accepter la naissance après que son mari soit parti pour la guerre peu de temps auparavant et ait été porté disparu. Depuis ce temps-là elle croyait toujours devoir quelque chose à cette enfant qu'elle avait mise au monde à contrecœur.

Alors qu'elle faisait rester ma tante à la maison où elle devait l'aider, elle permettait cependant à mon père de faire partie de mouvements de jeunesse pour qu'il puisse avoir des contacts avec d'autres hommes. Mon père s'est d'abord engagé dans le groupe de jeunes de la paroisse Saint-Joseph à Lippstadt, mais quand les Nazis sont arrivés au pouvoir, il a fallu qu'il entre aux Jeunesses Hitlériennes.

Comme dans beaucoup de familles allemandes on a beaucoup discuté chez nous aussi sur l'implication de sa propre famille dans la « peste brune », et il était inévitable qu'un jour je demande à mon père qu'elle avait été sa position par rapport à Hitler.

« J'étais un jeune de 13 ans quand je l'ai vu de mes propres yeux à Lippstadt » m'a-t-il raconté. « Plusieurs milliers de personnes s'étaient rassemblées pour écouter le discours d'Hitler. Il me passionnait à l'époque, car je croyais à ses promesses de rendre sa puissance à l'Allemagne, et surtout qu'il allait améliorer la situation, difficile économiquement.

Alors j'ai fait en vélo les trois kilomètres qui séparent le sud de Lippstadt de la place des Schützen* et là je me suis faufilé jusqu'aux premiers rangs, réservés en fait aux officiels, pour pouvoir entendre exactement tout ce qu'il dirait. Son discours a duré au moins trois heures, interrompu régulièrement par des applaudissements et des interjections de ‹ Heil ›. J'étais fasciné et criais sans arrêt à pleine voix moi-aussi : ‹ Bravo ! ›. »

« Et qu'est-ce qu'il a dit, Hitler ? » lui ai-je demandé.

« Hm, je n'arrive plus à m'en souvenir ! », m'a répondu mon père.

---

* « Schützen » – mot expliqué page 171 sous le n° 6.

„Dann warst du von ihm also sehr begeistert?“, fragte ich.

Mein Vater überlegte einen Moment und schüttelte dann den Kopf.

„Ja, und nein! Was mir an Hitler nicht gefiel, war seine Aversion gegen die Kirche. Mein Glaube bedeutete mir viel und daher ging ich nicht nur regelmäßig in die Kirche, sondern war auch in der Pfarrjugend aktiv. Als ich Hitlerjunge wurde, erklärten uns unsere Gruppenführer, dass ein Hitlerjunge nichts mehr in einer kirchlichen Gruppe zu suchen hätte und dass eine solche Zugehörigkeit bestraft würde. – Ich habe mir aber nichts aus dem Verbot gemacht und bin weiterhin in der Jungengruppe unserer Pfarrei geblieben. Bei den Hitlerjungen musste ich ein braunes Hemd tragen, doch bevor ich mich danach in der Pfarrgruppe mit meinen Freunden traf, habe ich immer schnell ein weißes Hemd angezogen!“

Dank seiner Freunde aus der Pfarrjugendgruppe war es meinem jugendlichen Vater möglich, sich von seiner Mutter und seiner Schwester Mia auch räumlich zu entfernen und mit ihnen ausgedehnte Fahrradtouren bis nach Berlin zu unternehmen. Dort fiel er sogar dem Vorgänger Hitlers, Reichskanzler von Papen, auf. Als mein Vater mit einem großen Kochtopf auf dem Rücksitz am Reichstag vorbeiflitzte, rief eine Stimme ihm zu: „Mein Gott, Junge! Was hast du aber’nen großen Hunger!“ Der Rufer war der Reichskanzler ...

War meine Großmutter zunächst über die Bewunderung ihres Sohnes für Hitler nicht beunruhigt, sondern verstand, dass Hitler für ihren Jungen eine Art Vaterersatz war, so sollte sich das ändern, als ersichtlich wurde, dass Hitler Deutschland in einen neuen Krieg führen würde.

Schon in den letzten zwei Friedensjahren wurde ihr Sohn Hans nach seiner kaufmännischen Lehre bei der Lippstädter Firma Brülle & Schmelzer zum Arbeitsdienst verpflichtet, was einer paramilitärischen Ausbildung gleichkam und zur Trennung von Mutter und Sohn führte, die bedeutend länger dauern würde, als die beiden je gedacht hatten. Während des Arbeitsdienstes erlebte mein Vater einen der bombastischen Nürnberger Reichs-

« Alors il ne t'a pas enthousiasmé tant que ça ? », lui ai-je demandé.

Mon père a réfléchi un instant puis a secoué la tête.

« Oui et non ! Ce qui ne m'a pas plu chez lui c'était son aversion contre l'Eglise. La foi comptait beaucoup pour moi, c'est pour ça que non seulement j'allais régulièrement à l'église, mais que je faisais aussi partie du groupe de jeunes de la paroisse. Quand je suis devenu un Jeune hitlérien, nos chefs de groupe nous ont expliqué qu'un Jeune hitlérien n'avait plus rien à faire dans un groupe religieux, et que toute participation serait punie. – Je n'ai pas eu peur de cette menace et suis resté dans le groupe de jeunes de notre paroisse. Avec les Jeunesses hitlériennes je devais porter une chemise brune, mais avant de retrouver ensuite mes amis du groupe de la paroisse, j'ai remis bien vite une chemise blanche ! »

Grâce à ses amis du groupe de jeunes de la paroisse, mon père avait également la possibilité de prendre ses distances – au vrai sens du mot – d'avec sa mère et sa sœur Mia. Il pouvait entreprendre avec eux des tours en vélo plus lointains, allant même jusqu'à Berlin. Là il a même attiré l'attention du prédécesseur d'Hitler, le chancelier du Reich Von Papen. Alors que mon père passait comme une flèche devant le Reichstag (le parlement) avec un grand faitout sur le porte-bagage, une voix lui a lancé : « Mon Dieu, mon garçon, tu dois avoir une faim de loup ! » C'était le chancelier du Reich...

Si au début ma grand-mère n'était pas inquiète de l'admiration de son fils pour Hitler, car elle comprenait qu'il représentait pour lui une sorte de figure paternelle, cela allait changer lorsqu'il devint de plus en plus évident qu'Hitler allait faire entrer l'Allemagne dans une nouvelle guerre.

Déjà pendant les deux dernières années de paix, après son apprentissage d'agent de commerce dans l'entreprise de Lippstadt Brülle & Schmelzer, Hans avait été réquisitionné au Service du Travail Obligatoire, ce qui équivalait à une formation paramilitaire et avait mené à la séparation de la mère et de son fils, séparation qui allait durer bien plus longtemps qu'ils n'auraient jamais pu s'imaginer. Pendant le Travail obligatoire, mon père a eu l'occasion

parteitage mit, der ihn jedoch in seinem Glauben bestärkte, dass Hitler Deutschland zur Weltmacht machen würde. Er sah – wie er mir erzählte – großzügig darüber hinweg, dass dieses Ziel möglicher Weise nur in einem Krieg erreichbar sein würde. Ja, mein Vater fand, dass Hitler alles Recht der Welt hatte, gegen die Siegermächte des Ersten Weltkrieges anzugehen, die Deutschland mit dem „Diktatfrieden von Versailles“ gedemütigt und mit Gebietsabtretungen und Reparationsforderungen geplündert hatten.

Außerdem brannte in ihm das Verlangen, den unnützen Tod seines Vaters auf dem Schlachtfeld zu rächen, auf dem die Deutschen – so die weit verbreitete Dolchstoßlegende[3] – nicht besiegt worden seien. Dafür habe er über einige „Schönheitsfehler“ des Regimes – wie die Verfolgung der jüdischen Mitbürger oder die Misshandlung von kirchlichen Vertretern – blauäugig hinweggesehen.

Kaum hatte mein Vater den Arbeitsdienst beendet, da folgte nach dem Überfall auf Polen auch im westfälischen Lippstadt die allgemeine Mobilmachung, die zur sofortigen Einberufung von Hans Ortwein zur Wehrmacht führte und schon einige Monate später fand er sich dort wieder, wo sein Vater gefallen war: in Frankreich.

---

[3] „Dolchstoßlegende“ – Damals weit verbreitete, insbesondere von Generalfeldmarschall Hindenburg verbreitete Meinung, dass für die Niederlage Deutschlands im Ersten Weltkrieg nicht die militärischen Führer verantwortlich gemacht werden konnten, weil dem im Felde ungeschlagenem Deutschen Heer die sozialistische Agitation in der deutschen Heimat sowie Defaitismus und die Novemberrevolution im Jahre 1918 in den Rücken gefallen seien. So sei das Heer quasi von hinten erdolcht worden und um den Sieg gebracht worden.

de vivre un Reichsparteitag phénoménal à Nuremberg, ce qui l'a conforté dans sa croyance qu'Hitler allait faire de l'Allemagne une puissance mondiale. Il a ignoré superbement – à ce qu'il m'a raconté – le fait que ce but ne pourrait être atteint que par une guerre. Oui, mon père était persuadé qu'Hitler avait toutes les raisons du monde de s'opposer aux puissances victorieuses de la première guerre mondiale, elles qui avaient humilié l'Allemagne avec leur « Traité de Versailles », et l'avaient pillée sans vergogne par leurs annexions et leurs demandes de réparations.

En plus il ressentait le désir ardent de se venger de la mort inutile de son père sur le champ de bataille, ce champ de bataille sur lequel les Allemands n'avaient pas été vaincus – d'après la légende très répandue du coup de poignard[3]. C'est pour cela que naïvement il avait passé sur les quelques « imperfections » du régime – telles que la persécution de ses concitoyens juifs ou les sévices exercés sur les représentants de l'Eglise.

À peine mon père avait-il fini son service au Travail obligatoire que la mobilisation générale était déclarée après l'invasion de la Pologne, à Lippstadt en Westphalie également, ce qui eut pour conséquence l'appel de Hans Ortwein sous les drapeaux de la Wehrmacht. Et quelques mois plus tard il se retrouvait là où son père était tombé : en France.

---

[3] « Légende du coup de poignard » – Opinion largement répandue, en particulier par le maréchal Hindenburg, que les chefs militaires ne peuvent pas être rendus responsables de la défaite de l'Allemagne à la Première guerre mondiale, car l'agitation socialiste dans la patrie allemande, le défaitisme et la révolution de novembre 1918 sont tombés sur le dos des armées allemandes invaincues sur le terrain. Ainsi l'armée a été attaquée dans le dos et privée d'une victoire.

7. Eine Liebe zwischen Feinden

Über die beiden Jahre von 1940 bis 1942, die er in Frankreich verbrachte, hat mein Vater mir trotz meiner vielen neugierigen Fragen nur wenig erzählt. Er wolle sich nicht an das erinnern, was ihm im Krieg widerfahren sei, denn alle seine Erlebnisse, selbst die positiven, seien in einem solchen Maß von den Schrecken seiner späteren Gefangenschaft in Russland überschattet worden, dass er die Gedanken daran möglichst nicht an sich heranlassen wolle, lautete seine immer wiederkehrende Erklärung.

So konnte ich mir nur bruchstückhaft ein Bild davon verschaffen, wie es meinem Vater wohl in Frankreich ergangen sein mochte, nachdem er im Zuge des am 10. Mai 1940 begonnenen Feldzuges mit einer Vielzahl von Panzerverbänden der deutschen Wehrmacht auf den Weg nach Westen geschickt worden war – um jenes Land zu erobern, zu dem er, für ihn vielleicht unbewusst, eine Beziehung aufgebaut hatte, die mit Sympathie verbunden war.

Mein Vater hatte während seiner sechs Jahre im Lippstädter Ostendorf-Gymnasium die französische Sprache gelernt und war von dieser Sprache so begeistert, dass er unter anderen familiären Voraussetzungen gerne den Beruf eines Studienrates für Französisch und Geschichte ergriffen hätte. Diese Passion für die französische Sprache sollte ihm während der Besatzungszeit in Frankreich eine besondere Aufgabe verschaffen: Er wurde in der deutschen Feldkommandantur der bretonischen Stadt Nantes als Dolmetscher für die Angelegenheiten der Zivilbevölkerung eingesetzt.

Nantes liegt heute im Département Loire-Atlantique und wird eigentlich nicht mehr zur Bretagne gezählt, wenngleich die Hafenstadt an der Mündung der Loire in anderen Zeiten die Hauptstadt der Bretagne war und während des Krieges auch noch dazu gehörte.

Hin und wieder erwähnte mein Vater, dass er sich für das geschämt habe, was wir Deutschen den Franzosen angetan hätten

7. Un amour entre ennemis

Mon père ne m'a pas raconté grand-chose des deux années passées en France entre 1940 et 1942, malgré les nombreuses questions que je lui ai posées par curiosité. Il ne voulait pas se souvenir de ce qu'il avait vécu pendant la guerre, car toutes ses expériences, même les bonnes, avaient été tant assombries par l'horreur de sa captivité ultérieure en Russie qu'il ne voulait y penser que le moins possible, c'était du moins son explication habituelle.

Donc je ne pouvais me faire qu'une image incomplète de ce qui avait bien pu se passer en France pour mon père après qu'il ait été envoyé à l'ouest, dans le cadre de la campagne de France commencée le 10 mai 1940, en même temps que de nombreuses unités de chars – pour envahir justement le pays avec lequel il avait, peut-être inconsciemment, établi une relation basée sur la sympathie.

Mon père avait appris le français pendant les six ans passés au lycée Ostendorf de Lippstadt, et il en était si enthousiasmé qu'en d'autres circonstances familiales il aurait bien volontiers choisi comme profession l'enseignement du français et de l'histoire. Cette passion pour la langue française allait lui permettre de se procurer pendant l'occupation un travail particulier : la Kommandantur allemande de ville bretonne de Nantes l'a en effet engagé comme interprète dans les affaires concernant la population civile.

Nantes se trouve aujourd'hui dans le département de la Loire-Atlantique et n'est plus vraiment comptée parmi les villes de Bretagne, même si cette ville portuaire sur l'estuaire de la Loire était autrefois la capitale de la Bretagne et en faisait encore partie pendant la guerre.

Mon père a toujours dit qu'il avait honte de ce que les Allemands avaient fait aux Français et que pendant son service à la

und dass er während seiner Dienstzeit in der Präfektur von Nantes erkannt habe, wie falsch es war, dass Deutschland gegen Frankreich Krieg geführt habe.

Ich habe mich oft gefragt, was dort vorgefallen ist, was meinen Vater zum Umdenken gebracht hat.

Der Einmarsch der Deutschen in Frankreich erfolgte gewöhnlich immer nach demselben Schema und meistens ohne nennenswerten Widerstand: Deutsche Truppenkontingente fuhren vor der Präfektur eines Kreises oder vor dem Rathaus einer Stadt vor und zwangen den Präfekten bzw. Bürgermeister mit vorgehaltenen Waffen zur Kooperation mit den Besatzern.

Meistens beanspruchten sie das Rathaus oder die Präfektur als neue Feld-, Kreis- oder Ortskommandantur für sich. Daraufhin requirierten sie weitere große Gebäudekomplexe der besetzten Stadt und des besetzten Kreises als Kasernen für ihre Soldaten, die sie außerdem in privaten Wohnhäusern in der Stadt einquartierten. So etablierte zum Beispiel der deutsche Kommandant im Privathaus des Locminéer Bürgermeisters Julien le Roy gegen dessen Willen die Ortskommandatur von Locminé, während dem Bürgermeister nur noch die Küche und ein Schlafzimmer im zweiten Stock sowie der Dachboden als Wohnung für seine Familie gelassen wurde.

Was die Franzosen in den ersten Tagen der Besatzung im besonderen Maße entsetzte, war die Vernichtung ihrer nationalen Symbole durch die Besatzungssoldaten: So hackten die deutschen Soldaten dem gallischen Hahn oder der Marianne, dem Nationalsymbol der Republik, die Köpfe ab und verwüsteten die Ehrenmale der Gefallenen aus den vorherigen Kriegen mit Deutschland.

Eine große Anzahl von deutschen Soldaten plünderte die Geschäfte und bediente sich ungeniert und ohne Konsequenzen an den dort ausliegenden Lebensmitteln wie Schokolade oder den Kuchen und Torten, die sie gierig verzehrten. Außerdem raubten sie Parfums, Seifen oder seidene Unterwäsche, die sie kurze Zeit später nach Deutschland schickten.

Der französische Wein, das Bier und der Champagner flossen bei den Besatzern in Strömen und verstärkten deren schamlose

préfecture de Nantes il avait compris combien c'était injuste que l'Allemagne ait fait la guerre à la France.

Je me suis souvent demandée ce qui avait bien pu se passer pour que mon père change d'avis.

L'invasion de la France par les Allemands se déroulait d'habitude toujours suivant le même schéma et sans résistance particulière en général : des troupes allemandes du contingent s'arrêtaient devant la préfecture, la sous-préfecture ou la mairie d'une ville, et obligeaient les préfets ou les maires sous la menace des armes à coopérer avec les occupants.

En général ils se réservaient la mairie ou la préfecture pour y installer la Kommandantur. À part cela ils réquisitionnaient dans la ville occupée d'autres grands ensembles de bâtiments pour leurs soldats, qu'ils logeaient également dans des maisons particulières de la ville. C'est ainsi par exemple que le commandant allemand a installé dans la maison particulière du maire de Locminé Julien le Roy la Kommandantur de Locminé, contre son gré, ne laissant au maire que la cuisine et une chambre au deuxième étage ainsi que le grenier comme habitation pour sa famille.

Ce qui a particulièrement choqué les Français les premiers jours de l'occupation, c'est la destruction de leurs symboles nationaux par les soldats allemands, qui ont par exemple décapité le coq gaulois ou la Marianne, le symbole de la République, et saccagé les monuments aux morts des guerres précédentes contre l'Allemagne.

Un grand nombre de soldats allemands se sont mis à piller les magasins, se servant sans scrupules et sans craindre de conséquences dans les réserves de produits alimentaires s'y trouvant, tels que le chocolat, ou dévorant goulûment tartes et gâteaux. Ils ont dérobé également du parfum, des savons ou des sous-vêtements de soie qu'ils ont envoyés peu après en Allemagne.

Le vin, la bière et le champagne coulaient à flots chez les occupants, ce qui renforçait leurs attaques cyniques sur la popu-

Übergriffe auf die französische Bevölkerung. Junge Mädchen und Frauen mussten sich verstecken oder einschließen, damit sie nicht die Opfer der deutschen Soldaten wurden.

Könnte mein Vater in Nantes an diesen Machenschaften mitgewirkt haben? Und könnte er sich vor seinen eigenen Taten im Nachhinein geekelt haben?

Noch während die Fress- und Gewaltorgien stattfanden, hatte der neue Stadtkommandant schon die ersten Verfügungen erlassen, die in französischer Sprache überall in der Stadt oder im Kreis ausgehängt wurden: Darin ließ er die französische Bevölkerung wissen, dass fortan für eine unbestimmte Zeit jeden Abend eine Ausgangssperre ab 23 Uhr bis 6 Uhr morgens verhängt würde. Jeder, der während dieser Zeit noch auf der Straße sei, würde erschossen. Ab sofort müsse auch die Reichsmark (und nicht nur der Franc) in allen Geschäften als Zahlungsmittel akzeptiert werden. Alle jungen Männer zwischen 18 und 35 Jahren hatten sich unverzüglich in der Kommandantur zu melden und dort ihre Adresse abzugeben; Autobesitzer müssten sich ebenfalls dort melden und ihre Autos registrieren lassen; während der Dunkelheit des Nachts durfte kein Licht brennen; es sei verboten, Soldaten der Alliierten in den Häusern zu verstecken, das werde mit dem Tode bestraft ...

Doch neben den bedrohlichen Regelungen verfolgen auch vermeintliche Banalitäten den Zweck, die Bevölkerung zu demütigen: So wurde der französischen Bevölkerung befohlen, fortan vor ihren Häusern den Bürgersteig zu fegen bzw. die Uhr eine Stunde vorzustellen, denn fortan habe man sich in Frankreich an der Berliner Zeit und nicht an der von Paris zu orientieren.

Beim Verfassen dieser Pamphlete dürfte mein Vater gewiss beteiligt gewesen sein, denn die Wehrmacht brauchte ihre Übersetzer für solche Dienstvorgänge. Was mein Vater in der Präfektur bzw. Feldkommandantur von Nantes genau getan hat, hat er mir nie erzählt, doch anhand meiner Recherchen über diese Zeit und den speziellen Ort kann man davon ausgehen, dass er dort Zeuge von schrecklichen Ereignissen wurde, die dazu geführt haben könnten, seine positiven Einstellungen zum Naziregime zu ändern.

lation française. Les femmes et les jeunes filles devaient se cacher ou s'enfermer pour ne pas être victimes des soldats allemands.

Est-il possible que mon père ait participé à ces exactions ? Peut-être était-il écœuré de ses actions avec le recul ?

Alors même que ces orgies de bouffe et de violence avaient lieu, le commandant de la ville avait déjà édicté les premières ordonnances qui devaient être affichées en français dans toute la ville et dans l'arrondissement : il y faisait savoir à la population française qu'à partir de maintenant le couvre-feu serait instauré toutes les nuits de 23 heures à 6 heures du matin, pour une durée indéterminée. Toute personne se trouvant encore dans la rue pendant ce temps-là serait abattue. Désormais on devait également accepter le reichsmark comme moyen de paiement dans les magasins (et non seulement le franc). Tous les jeunes gens de 18 à 35 ans devaient se présenter immédiatement à la Kommandantur pour y laisser leur adresse ; les propriétaires de véhicules devaient également s'y présenter pour y faire enregistrer leurs voitures ; on ne devait pas allumer de lampe pendant la nuit ; il était interdit de cacher des soldats alliés dans les maisons, sous peine de mort...

Mais à côté de ces règlements faits pour menacer, des chicanes pour des banalités avaient pour but d'humilier la population française : ainsi on lui ordonnait d'avoir à balayer dorénavant le trottoir devant sa maison, ou bien d'avancer les pendules d'une heure, car à partir de maintenant c'était l'heure de Berlin qui était valable, et non celle de Paris.

Mon père a sûrement dû participer à la rédaction de ces tracts, car la Wehrmacht avait besoin d'interprètes dans ses services pour de telles mesures. Ce que mon père a fait exactement à la préfecture, c'est-à-dire à la Kommandantur de Nantes, il ne me l'a jamais dit, mais à en croire les résultats de mes recherches sur cette époque-là et en particulier sur cet endroit, on peut supposer qu'il y a été le témoin de terribles évènements, ce qui a pu le conduire à changer ses vues, au départ favorables, sur le régime nazi.

Mein Vater wird eine Stadt vorgefunden haben, in der es eine sehr aktive jüdische Gemeinde gab. Folglich wird eine seiner ersten Amtshandlungen in der Präfektur darin bestanden haben, die Juden in Nantes zu registrieren. Ab Oktober 1940 wird er mehr als 500 solcher Zettel mit den Namen der Familienangehörigen der jeweiligen jüdischen Familie, ihren Geburtsdaten, ihren Herkunftsorten, ihren Wohnorten und ihren Berufen verfasst haben. Ob mein Vater noch erlebt hat, wofür er die Vorarbeit geleistet hat, ist fraglich, da die Juden aus Nantes erst nach seiner Abkommandierung nach Russland Ende 1942 in die Konzentrationslager verschleppt wurden.

Nantes gilt als die Stadt in Frankreich, die sich während der Okkupation nicht den deutschen Besatzern beugen wollte. Schon einige Tage nach der Besetzung durch die Deutschen formierte sich in dieser Stadt der Widerstand. Die deutschen Besatzer in Nantes klagten über die mangelhafte Kollaboration der französischen Bevölkerung, zu der sich das Vichy-Regime im Waffenstillstand am 17. Juni 1940 verpflichtet hatte.

Am 20. Oktober 1941 kam es zum Attentat auf den deutschen Kommandanten von Nantes: Oberstleutnant Karl Hotz wurde bei seiner Fahrt durch Nantes von den aus Paris angereisten Widerstandskämpfern Gilbert Brustlein, Marcel Bourdarias und Spartaco Guisco in der Rue du Roi Albert erschossen. Die Täter wurden kurz darauf gefasst und hingerichtet. Doch damit nicht genug! Um ein Exempel zu statuieren, ließ der Nachfolger des Ermordeten weitere 48 Männer verhaften und sie am 20., 21. und 22. Oktober öffentlich hinrichten. Einen Monat später gab der im Londoner Exil kämpfende Charles de Gaulle der Stadt Nantes den Beinamen „Die Begleiterin der Befreiung", ein Ehrentitel, den sie nur mit wenigen anderen Städten in Frankreich teilt.

Was hat mein Vater damals in Nantes erlebt? Was konnte ihm bei seiner Übersetzungsarbeit zu Ohren gekommen sein? Von welchen Grausamkeiten muss er Zeuge gewesen sein?

Weitere Ereignisse in seiner Dienstzeit dürften ihn ebenfalls zum Nachdenken gebracht haben. Kaum hatten die Deutschen die Stadt Nantes besetzt, als auch schon die Organisation Todt be-

Mon père a dû arriver dans une ville où la communauté juive était très active. Par conséquent, une de ses premières tâches administratives a dû consister à enregistrer les juifs de Nantes. À partir d'octobre 1940 il a dû établir plus de 500 de ces fiches portant le nom de tous les membres de chaque famille juive, leur date de naissance, leur origine, leur adresse et leur profession. Il est peu probable que mon père ait encore assisté à ce pour quoi il avait effectué le travail préparatoire, car ce n'est qu'après son envoi sur le front russe, fin 1942, que les juifs de Nantes ont été déportés en camps de concentration.

Nantes a la réputation d'être la ville de France qui n'a pas voulu se plier aux Allemands pendant l'occupation. Quelques jours seulement après l'invasion par les Allemands, la résistance s'y est organisée. Les occupants allemands de Nantes se sont plaints du manque de collaboration de la population française, alors que le régime de Vichy s'y était engagé par l'armistice du 17 juin 1940.

Le 20 octobre 1941 a lieu un attentat sur le commandant allemand de Nantes : le lieutenant-colonel Karl Hotz est abattu dans la rue du Roi Albert à Nantes, alors qu'il y passe en voiture, par Gilbert Brustlein, Marcel Bourdarias et Spartaco Guisco, résistants venus de Paris. Les coupables sont pris et exécutés peu de temps après. Mais ce n'est pas tout ! Pour faire un exemple, le successeur du commandant assassiné fait arrêter 48 hommes et les fait exécuter en public les 20, 21 et 22 octobre. Un mois plus tard, Charles de Gaulle, de son exil de Londres, nomme par décret la ville de Nantes « Compagnon de la Libération », titre honorifique qu'elle partage maintenant avec quelques villes en France.

Qu'est-ce que mon père a vécu à Nantes en ce temps-là ? Qu'est ce qui a bien pu lui venir aux oreilles alors qu'il faisait l'interprète ? De quelles atrocités a-t-il dû être le témoin ?

Certains évènements qui se sont passés pendant son service ont dû également le faire réfléchir. À peine les Allemands avaient-ils occupé Nantes que l'organisation Todt commençait à

gann, Arbeiter für den Ausbau des nahegelegenen Hafens von St. Nazaire zu rekrutieren.

Dort sollte ein riesiger Kriegshafen der deutschen Marine entstehen. Geplant war die Stationierung von U-Boote, von denen aus die Schiffe der Alliierten angegriffen und vernichtet werden sollten. Bis zu 15.000 Arbeiter, freiwillige wie Zwangsarbeiter, schufteten an dieser Riesenbaustelle. Ihre Arbeit wurde jedoch bereits Ende 1941 immer wieder von Bombardements der Alliierten unterbrochen, die die Fertigstellung des Hafens verhindern wollten. Die Bombardements erstreckten sich auch auf die Innenstadt von Nantes, wodurch viele Häuser zerstört wurden und Hunderte von Bürgern dabei ihr Leben verloren.

Auch das muss mein Vater erlebt haben! Sicherlich wendeten sich die Ausgebombten an die Kommandantur und baten dort um Hilfe. Mein Vater wird eine Aufstellung der Schäden jedes einzelnen Betroffenen gemacht und vielleicht – hoffentlich – auch den einen oder anderen Verzweifelten getröstet haben.

Und schlussendlich muss es noch etwas Anderes gewesen sein, dass ihn so sehr zum Frankreichfreund machte.

Im Besitz unserer Familie befanden sich Briefe von einer Französin, Briefe, mit denen ich noch als kleines Mädchen gespielt habe, weil mich die bunten Marken und die fremdländische Schrift darauf anzogen. Doch als ich mit 13 Jahren genügend Französisch beherrschte, um diese Briefe selber lesen zu können, waren sie verschwunden.

Wer konnte diese Französin gewesen sein?

Nur zögerlich und manchmal über Umwege fand ich heraus, dass diese Briefe von einer gewissen Charmaine Dupont stammten, mit der mein Vater während seiner Dienstzeit an der Präfektur in Nantes befreundet war. Offensichtlich hatte man ihn damals bei einem Advokaten einquartiert, dessen Nichte Charmaine war. Bei einem ihrer Besuche im Haus ihres Onkels muss sie meinen gutaussehenden Vater kennengelernt haben. Mit ihm konnte sie sich in einem exzellenten Französisch unterhalten, was sie vielleicht über seine deutsche Uniform hinwegsehen ließ. Wie sie selber aussah, weiß ich nicht, denn ich habe nie ein Foto von ihr

recruter des ouvriers pour l'agrandissement du port voisin de Saint-Nazaire.

Il devait s'y construire un port de guerre gigantesque pour la marine allemande. On y avait prévu le stationnement de sous-marins qui auraient pour mission d'attaquer les navires alliés et de les détruire. Jusqu'à 15 000 ouvriers volontaires ou recrutés de force ont trimé sur ce chantier géant. Mais dès la fin de 1941 leur travail aura souvent été interrompu par les bombardements des alliés qui voulaient empêcher l'achèvement du port. Les bombardements touchèrent également le centre de Nantes dont beaucoup de bâtiments furent détruits et où des centaines d'habitants y perdirent la vie.

De cela aussi, mon père a bien dû en être le témoin ! Les rescapés des bombardements devaient sûrement s'adresser à la Kommandantur pour demander de l'aide. Mon père a dû établir une liste des dommages subis par chacune des personnes concernées, et a peut-être – du moins je l'espère – pu apporter un peu de réconfort à l'une ou l'autre de celles-ci dans leur désarroi.

Et puis finalement, il a dû y avoir encore autre chose de tout à fait différent pour qu'il devienne un si grand ami de la France.

Notre famille avait en sa possession des lettres d'une Française, lettres avec lesquelles j'ai joué quand j'étais petite car j'étais attirée par les timbres multicolores et l'écriture étrangère. Mais quand à l'âge de 13 ans j'ai suffisamment maîtrisé le français pour pouvoir lire moi-même ces lettres, elles avaient disparu.

Qui avait bien pu être cette Française ?

Tardivement, et par des voies plutôt détournées, je réussis à découvrir que ces lettres venaient d'une certaine Charmaine Dupont, avec laquelle mon père s'était lié d'amitié pendant son service à la préfecture de Nantes. Apparemment on l'avait à l'époque logé d'office chez un avocat dont Charmaine était la nièce. Lors d'une visite de celle-ci à son oncle, elle a dû faire la connaissance de ce bel homme qu'était mon père. Elle pouvait s'entretenir avec lui en excellent français, ce qui lui a peut-être fait oublier l'uniforme allemand. À quoi elle ressemblait, je ne le sais pas, car je n'ai jamais vu de photo d'elle. Un jour mon

gesehen. Mein Vater erwähnte einmal in einem anderen Zusammenhang, dass sie eine kluge Frau gewesen sei, studiert habe und Apothekerin werden wollte.

Wie weit dieses verbotene Verhältnis wirklich ging, konnte ich nie herausfinden, doch offenbar waren die Briefe, die ich als Kind noch gekannt hatte, in Lippstadt bei meiner Großmutter und meiner Tante angekommen, nachdem mein Vater nach Russland abgezogen worden war und kurze Zeit später in russische Kriegsgefangenschaft geriet. Charmaine soll ihm noch drei Jahre (von 1942 bis 1945) geschrieben haben.

Doch wo sind die Briefe geblieben? Wenn sie für meinen Vater so wertvoll waren, kann ich mir nicht vorstellen, dass er sich davon getrennt hatte. Erst nach dem Tod meiner Mutter fand ich heraus, dass sie sie verbrannt hatte!

père a évoqué à une autre occasion que c'était une femme intelligente, qu'elle avait fait des études et qu'elle voulait être pharmacienne.

Jusqu'où ont pu aller concrètement ces relations interdites, je n'ai jamais pu le découvrir. Mais apparemment les lettres, avec lesquelles j'ai encore pu jouer enfant, étaient arrivées à Lippstadt chez ma grand-mère et ma tante, après que mon père ait été envoyé en Russie et y ait été fait prisonnier peu de temps après. Charmaine a dû lui écrire encore pendant trois ans (de 1942 à 1945).

Mais où sont donc passées ces lettres ? Si elles étaient si précieuses pour mon père, je ne peux pas m'imaginer qu'il s'en soit séparé. Ce n'est qu'après la mort de ma mère que je découvris qu'elle les avait brûlées !

8. Die Suche in Nantes

Vor zehn Jahren war ich während meiner Sommerferien erneut in der Bretagne. Bei dieser Gelegenheit erzählte ich Denise von dem Verhältnis meines Vaters zu einer Bretonin. Sie war sofort wie elektrisiert.

„Barbara, lass uns nach Nantes fahren und diese Charmaine Dupont suchen. Vielleicht freut sie sich darüber, die Tochter ihres früheren deutschen Freundes kennenzulernen."

„Hältst Du es denn überhaupt für möglich, sie nach einer so langen Zeit noch zu finden?", meinte ich skeptisch.

„Wir haben jetzt das Jahr 2008, der Zweite Weltkrieg war ... vor 63 Jahren zu Ende, wenn ich richtig gerechnet habe. Wie alt mag Charmaine damals gewesen sein? Vielleicht Mitte 20! Dann wäre sie heute über 80, ja, fast 90 Jahre alt. Ob sie heute noch lebt, ist fraglich, mein Vater ist ja auch inzwischen schon ...", ich fing wieder an zu rechnen, „seit 19 Jahren tot!"

„Umso weniger Zeit sollten wir verstreichen lassen, um Charmaine zu finden. Komm, lass uns morgen nach Nantes fahren!", rief Denise aufgeregt.

„Ja, aber ich weiß doch kaum mehr als ihren Namen!", versuchte ich ihren Enthusiasmus zu bremsen. „Dazu hieß sie noch Dupont! Dieser Name ist doch bei euch in Frankreich so alltäglich wie bei uns Müller! Es dürfte in Nantes jede Menge davon geben! Dazu kommt, dass Charmaine Dupont geheiratet haben könnte, so wie mein Vater auch, als er aus der russischen Gefangenschaft nach Lippstadt zurückkam. Dann hat sie bestimmt einen anderen Namen. Wie sollten wir sie dann bloß finden?"

„Wenn dies wäre und das sein könnte! Barbara, so viele Konjunktive habe ich noch nie aus deinem Mund gehört! Lass es uns doch einfach versuchen, vielleicht kommt uns der Zufall zur Hilfe und wir haben Erfolg!"

Gesagt, getan! Am nächsten Morgen fuhr ich mit Denise in Richtung Südosten. Nach eineinhalb Stunden Fahrt erreichten

8. La recherche à Nantes

Il y a 10 ans je me retrouve en Bretagne pendant les vacances d'été. À cette occasion je raconte à Denise les relations de mon père avec une Bretonne. Elle est tout de suite sur des charbons ardents.

« Barbara, allez, on va à Nantes à la recherche de Charmaine Dupont. Peut-être qu'elle sera contente de faire la connaissance de la fille de son ami allemand d'autrefois. »

« Est-ce que tu crois qu'on peut encore la retrouver après tout ce temps ? » dis-je d'un ton dubitatif.

« Nous sommes maintenant en 2008, la deuxième guerre mondiale s'est terminée... il y a 63 ans, si je compte juste. Quel âge elle pouvait avoir, Charmaine, à l'époque ? Dans les 25 ans peut-être ! Alors elle aurait aujourd'hui plus de quatre-vingts ans, presque quatre-vingt-dix. Il est peu probable qu'elle soit encore en vie, entretemps cela fait déjà... », je recommence à compter, « 19 ans que mon père est décédé ! »

« Nous avons d'autant moins de temps à perdre pour retrouver Charmaine. Allez viens, on va demain à Nantes ! » s'écrie Denise avec excitation.

« Oui, mais je ne sais pas grand-chose à part son nom ! »dis-je en essayent de calmer son enthousiasme. « En plus elle s'appelle Dupont ! Ce nom est donc aussi répandu chez vous en France que chez nous les Müller ! Il doit y en avoir beaucoup à Nantes ! Et Charmaine Dupont a bien pu se marier, comme mon père à Lippstadt lorsqu'il est revenu de sa captivité en Russie. Alors elle a sûrement un autre nom. Comment est-ce que nous allons pouvoir la retrouver ? »

« Si c'était et si on pouvait ! Barbara, je n'ai encore jamais entendu autant de conditionnels sortir de ta bouche ! Ça ne coûte rien d'essayer, le hasard nous viendra peut-être en aide et alors nous réussirons ! »

Aussitôt dit, aussitôt fait ! Le lendemain matin nous partons Denise et moi direction le sud-ouest. Au bout d'une heure et

wir Nantes. Denise ließ mir keine Zeit, mich an den schönen Parkanlagen, der Kathedrale oder den teilweise recht modernen Gebäuden zu erfreuen. Stattdessen steuerte sie mit mir sogleich den Quai Ceineray an. Dort steht das weiße Gebäude der Präfektur, das sich mit seinen vielen antiken Elementen als typisches Beispiel für den an die Antike angelehnten Empire-Stil darstellt.

Nachdem wir ganz in der Nähe parken konnten, steuerte Denise, ohne zu zögern, zu Fuß den Seiteneingang des imposanten Verwaltungsgebäudes an. Am Accueil, dem Empfang, trafen wir auf zwei Damen, die den Besuchern weiterhelfen sollten.

Nach kurzem „Bonjour“ kam Denise ohne Umschweife auf unser Anliegen zu sprechen.

„Mesdames, wir möchten erstens gerne erfahren, welche deutschen Soldaten in der Präfektur während des Krieges von 1940 bis 1942 als Dolmetscher für die Zivilbevölkerung gearbeitet haben. Und zweitens möchten wir gerne eine Dame hier in Nantes finden, die Charmaine Dupont heißt und jetzt vielleicht 85 bis 90 Jahre alt sein dürfte. Könnten Sie uns bitte sagen, wo man uns mit diesen Anliegen weiterhelfen kann?“

Die beiden Damen schauten Denise zunächst verblüfft und dann ratlos an, doch dann meinte die eine: „Welches deutsche Personal hier in der Präfektur während der Besatzungszeit gearbeitet hat, entzieht sich unserer Kenntnis. Vielleicht gibt es darüber noch Unterlagen in den Kriegsarchiven in Paris oder vielleicht auch in Deutschland. Soviel ich weiß, werden Sie hier in Nantes darüber nichts finden können. Ja, und was Ihr zweites Anliegen betrifft, so können wir Ihnen ebenfalls nicht weiterhelfen. Wir hier in der Präfektur sind für die Strafverfolgung und zivilrechtlichen Angelegenheiten zuständig. Auskünfte über Bewohner dieser Stadt erteilt die Hauptpolizeidienststelle am Place Waldeck Rousseau.“

Und schon hatte sie einen Stadtplan ausgebreitet, um Denise und mir das Commissariat de Police Centrale von Nantes zu zeigen.

Wenig später fuhren wir an den Quais des Erdre-Flusses entlang und gelangten schließlich zu dem genannten Platz. Wäh-

demie de route nous atteignons Nantes. Denise ne me laisse pas le temps d'admirer les beaux espaces verts, la cathédrale ou les bâtiments, très contemporains pour certains. Au lieu de cela elle se dirige tout de suite vers le quai Ceineray. C'est là que se trouve la préfecture, un bâtiment blanc majestueux qui avec ses nombreux ornements à l'antique est un exemple typique de l'architecture de style empire.

Après avoir pu se garer à proximité, Denise se dirige sans hésiter vers l'entrée sur le côté de l'imposant bâtiment administratif. À l'accueil nous tombons sur deux dames qui sont là pour aider les visiteurs.

Denise lance un bref « Bonjour » et sans ambages se met à exposer notre demande.

« Mesdames, tout d'abord nous aimerions savoir quels soldats allemands ont travaillé à la préfecture pendant la guerre de 1940 à 1942 en tant qu'interprètes pour la population civile. Et ensuite nous aimerions retrouver une dame ici à Nantes. Elle s'appelle Charmaine Dupont et devrait avoir dans les 85–90 ans. Est-ce que vous pourriez nous indiquer, s'il-vous-plaît, où nous adresser pour trouver quelqu'un qui puisse nous aider ? »

Les deux dames regardent Denise d'un air stupéfait, puis perplexe. L'une d'elles trouve quand même quelque chose à dire : « Quel personnel allemand a travaillé ici à la préfecture pendant l'occupation, ça échappe à notre connaissance. Peut-être qu'il existe encore des documents sur ce sujet aux archives militaires de Paris, peut-être aussi en Allemagne. Mais pour autant que je sache, vous ne trouverez rien là-dessus ici à Nantes. Ah, et quant à votre deuxième demande, nous ne pouvons pas vous aider non plus. Ici à la préfecture, nous nous occupons des poursuites pénales et des demandes concernant le droit civil. Les renseignements concernant les habitants de cette ville sont fournis par le Commissariat de Police Centrale place Waldeck Rousseau. »

Et déjà elle a déplié un plan de la ville pour nous y montrer à Denise et moi où se trouve le commissariat.

Peu de temps après nous suivons la route qui longe les quais de la rivière Erdre et arrivons à la place en question. Pendant ce

rend der kurzen Fahrt versuchte ich Denise davon zu überzeugen, dass ein Besuch im Polizeipräsidium vermutlich völlig sinnlos sein würde.

„Denise, ich kann mir nicht vorstellen, dass die Polizisten uns überhaupt Auskunft über einen Bürger oder eine Bürgerin dieser Stadt geben dürfen. Es ist doch bestimmt auch hier verboten, solche Daten herauszugeben! Was ja auch richtig ist, wenn man bedenkt, dass solche Auskünfte zum Beispiel Dieben Tür und Tor öffnen und andere Straftaten ermöglichen würden! Eine Erkundigung nach Charmaine Dupont hat sicherlich keinen Zweck!"

„Du irrst dich, Barbara! Wir sind hier in Frankreich und nicht in Deutschland. Wir übertreiben es mit dem Datenschutz nicht! Warte nur ab, wahrscheinlich wissen wir bald, wie viele Damen mit Namen Charmaine Dupont es hier in Nantes gibt!"

Dazu sollte man wissen, dass Denise und ich nach Charmaine zu einer Zeit suchten, als Frankreich noch nicht von den Terror-Anschlägen in der zweiten Dekade unseres Jahrhunderts erschüttert wurde. Die Gesetze bezüglich der Herausgabe von Daten waren damals noch nicht verschärft worden.

Ich blieb skeptisch, doch Denise optimistisch. Im Präsidium wurden wir in eine Unterabteilung der Namensregistratur geschickt und dort trafen wir auf zwei Polizisten, die sich offenbar den gesamten Tag mit nichts Anderem beschäftigten, als Auskünfte über die in ihren Computern gespeicherten Daten von Bürgerinnen und Bürgern aus Nantes zu geben.

Unsicher und mit vielen Entschuldigungen brachte ich mein Anliegen vor. Zu meinem großen Erstaunen fragten mich die beiden Polizeibeamten nicht einmal, wofür ich, eine Ausländerin, diese Auskünfte brauchte. Seelenruhig tippte der Beamte meine Angaben auf seine Tastatur und sofort wurden alle Nanter Frauen mit Namen Charmaine Dupont auf dem Bildschirm sichtbar.

„Wie alt könnte die Dame sein?", fragte der Beamte.

„Zwischen 85 bis 90 Jahren!", antwortete ich.

„Hmm, hier haben wir eine Charmaine Dupont, die ist 60 Jahre alt, die kann es dann wohl nicht sein. Ja, und hier haben wir tatsächlich eine Charmaine Dupont, die 91 Jahre alt ist!"

court trajet, j'essaye de persuader Denise qu'une visite au commissariat se révèlera probablement tout-à-fait inutile.

« Denise, je ne peux vraiment pas m'imaginer que les policiers aient le droit de nous donner des renseignements sur un habitant de cette ville. C'est sûrement interdit ici aussi de transmettre de telles données. Et c'est justifié si on considère que de telles informations risquent par exemple de permettre aux malfaiteurs de perpétrer des cambriolages ou d'autres délits ! Ça ne sert sûrement à rien de vouloir se renseigner sur Charmaine Dupont ! »

« Tu te trompes, Barbara ! Nous sommes ici en France et pas en Allemagne. Nous n'exagérons pas quand il s'agit de protection de données ! Attends seulement, et tu verras que nous saurons sans doute bientôt combien de dames il y a à Nantes qui s'appellent Charmaine Dupont ! »

Il faut savoir que nous étions Denise et moi à la recherche de Charmaine en un temps où la France n'avait pas encore été ébranlée par les attaques terroristes de la deuxième décennie de notre siècle. Les lois concernant la publication de données n'avaient pas encore été renforcées.

Je reste sceptique, mais Denise est optimiste. Au commissariat on nous envoie dans le bureau d'état-civil, où nous tombons sur deux agents de police qui apparemment n'ont rien d'autre à faire de la journée que de procurer des informations sur les données concernant les habitants de Nantes enregistrées sur leurs ordinateurs.

Avec hésitation, et en m'excusant abondamment, j'expose ma demande. À ma grande surprise, les deux policiers ne me demandent même pas pourquoi moi, une étrangère, j'ai besoin de ces informations. Le fonctionnaire se met à taper tranquillement mes données sur son clavier, et aussitôt apparaissent à l'écran toutes les femmes de Nantes qui s'appellent Charmaine Dupont.

« Quel âge peut avoir cette dame ? » demande le fonctionnaire.

« Entre 85 et 90 ans ! », dis-je.

« Hmm, nous avons ici une Charmaine Dupont de 60 ans, alors ça ne peut pas être elle. Ah, ici nous avons en effet une Charmaine Dupont qui a 91 ans ! »

Dann griff er zu einem bereitliegenden Block und schrieb mir auf einem Zettel die Adresse und die Telefonnummer der alten Dame auf. Ich war so verdutzt, dass ich vergaß, ihm für seine Hilfe zu danken.

Erst als Denise und ich wieder vor der Tür der Polizeiwache standen, realisierte ich, was ich vielleicht gerade erhalten hatte: Die Adresse jener Frau, die nicht nur das Leben meines Vaters bestimmt hatte, sondern auch das meiner gesamten Familie.

„Barbara, lass uns die Dame anrufen!“, rief Denise neben mir, als ich wie aus einem Traum plötzlich in die Wirklichkeit zurückgeholt wurde.

Doch da kamen mir auf einmal Zweifel, ob das das Richtige war. Unschlüssig schaute ich auf den Zettel in meiner Hand.

„Was ist denn, Barbara, was hast du?“, fragte Denise ungeduldig.

„Lass uns zuerst darüber sprechen, dort drüben in dem Café!“, forderte ich. Denise sah mich erstaunt an, doch dann ging sie mit mir in das gegenüberliegende Café, wo wir uns zunächst Getränke bestellten.

Ich brach schließlich das Schweigen.

„Denise“, sagte ich zögerlich, „ich weiß nicht, ob es richtig ist, diese alte Dame anzurufen. Gewiss, sollte diese Charmaine Dupont wirklich die ehemalige Freundin meines Vaters sein, könnte es sein, dass sie sich selbst im hohen Alter freuen würde, noch einmal von ihm aus dem Munde seiner Tochter, die auch die ihre hätte sein können, zu hören. Falls Dupont ihr Mädchenname ist und sie nie geheiratet hat, wäre das ein Zeichen, dass sie meinen Vater nie vergaß.

Doch was geschieht, wenn sich herausstellt, dass diese Frau einen ganz anderen Mädchennamen hatte und Dupont der Namen ihres Mannes ist? Sie also gar nicht Charmaine Dupont hieß, sondern Charmaine Legrand oder Charmaine Moulin!

Gewiss können wir diese Charmaine oder die Person, die sich um sie kümmert, nach ihrem Mädchennamen fragen. Doch unweigerlich wird das zu der weiteren Frage führen, warum wir das wissen wollen! Und wir können doch dann nicht als Erklärung

Il saisit un bloc à sa portée et note sur une feuille de papier l'adresse et le numéro de téléphone de la vieille dame. Je suis si ébahie que j'oublie de le remercier pour son aide.

Ce n'est qu'en nous retrouvant Denise et moi devant la porte du commissariat, que je réalise ce que je viens peut-être d'obtenir : l'adresse de cette femme qui a eu une grande influence, non seulement sur la vie de mon père, mais aussi sur celle de toute ma famille.

« Barbara, allons téléphoner à cette dame ! » s'écrie Denise à côté de moi, me ramenant soudain à la réalité comme si elle m'arrachait à un rêve.

Mais tout à coup il me vient des doutes, je me demande si c'est la bonne chose à faire. En hésitant je regarde la feuille de papier que j'ai dans la main.

« Mais qu'est-ce qui se passe, Barbara, qu'est-ce que tu as ? » demande Denise avec impatience.

« Allons d'abord en parler là-bas au café ! », dis-je avec insistance. Denise me regarde d'un air étonné, mais me suit quand même dans le café d'en face, où nous nous commandons des boissons.

Finalement je brise le silence.

« Denise » dis-je en hésitant, « je ne sais pas si c'est une bonne idée d'appeler cette vieille dame. C'est sûr, si cette Charmaine Dupont est vraiment l'ancienne petite amie de mon père, il se pourrait qu'elle soit contente, même en étant très âgée, d'entendre parler de lui de la bouche de sa fille, qui aurait pu aussi bien être la sienne. Si Dupont est son nom de jeune fille et si elle ne s'est jamais mariée, c'est peut-être le signe qu'elle n'a jamais oublié mon père.

Mais qu'est-ce qu'il va se passer s'il se trouve que cette femme a un nom de jeune fille tout à fait différent, et que Dupont est le nom de son mari ? Et donc qu'elle ne s'appelle pas du tout Charmaine Dupont mais Charmaine Legrand ou Charmaine Moulin !

Bien sûr nous pouvons toujours demander son nom de jeune fille à cette Charmaine ou à la personne qui s'en occupe. Mais cela entraînera sans aucun doute la question suivante, pourquoi nous

liefern, dass wir eine alte Dame suchen, die in den Jahren 1940 bis 1942 einen deutschen Soldaten als Freund hatte!

Stell dir die Aufregung in ihrer Familie vor, wenn der Verdacht aufkäme, die alte Dame hätte ein solches Verhältnis gehabt, es aber bisher geheim gehalten! Wir würden ihren Lebensabend vergiften!

„Mmm, darüber habe ich bisher noch gar nicht nachgedacht!“, gab Denise zu. „Dabei habe ich als Kind in unserem Dorf doch selbst oft abfällige Bemerkungen über eine Frau aus dem Nachbarort gehört, die sich mit einem deutschen Soldaten eingelassen hatte und ein Kind von ihm bekam. Das deutsch-französischen Verhältnis hat sich zwar nach dem Krieg verbessert. Aber die beiden, also sowohl die ledige Mutter als auch ihr unehelicher Sohn, hatten es in unserer dörflichen geprägten Gemeinschaft, wo jeder jeden kennt, sehr schwer!“

„Und der deutsche Vater des Jungen? Hat der nichts mehr von sich hören lassen?“, fragte ich.

„Nach dem Abmarsch der Deutschen im Sommer 1944 hat die Französin nie wieder eine Nachricht von dem Soldaten erhalten. Vielleicht wusste er ja gar nichts von seinem Kind oder er ist in dem letzten Kriegsjahr zu Tode gekommen.

Die Frauen, die sich mit deutschen Soldaten eingelassen haben, wurden nach der Befreiung oft misshandelt und öffentlich an den Pranger gestellt, man sprach in ihrem Fall von „collaboration horizontale“ (horizontaler Kollaboration) und ihre Kinder galten als „enfants maudits“ (verfluchte Kinder).

Zwar ist mir nicht bekannt, ob man der Frau aus dem Nachbardorf – wie anderswo geschehen – die Haare geschoren und sie mit Farbe beschmiert hat. Aber sie wurde noch viele Jahre nach dem Krieg durch die Missachtung und soziale Ausgrenzung ihrer Mitbürger gedemütigt.“

„Umso wichtiger ist es, dass wir uns in dem Fall von Charmaine Dupont genau überlegen, ob wir unsere Recherchen weiterführen sollen! Was mich betrifft, so möchte ich lieber nichts über die Vergangenheit erfahren, wenn ich dafür einem alten Menschen schaden muss!“, sagte ich.

tenons à le savoir ! Et nous ne pouvons tout de même pas donner comme explication que nous recherchons une vieille dame qui a eu pour petit ami un soldat allemand entre 1940 et 1942 !

Imagine un peu l'émotion de sa famille si on éveille le soupçon que cette vieille dame aurait eu une telle liaison, alors qu'elle l'a tenue secrète jusqu'ici ! Nous lui empoisonnerions le reste de son existence ! »

« Mmm, je n'y ai pas du tout réfléchi jusqu'à présent » avoue Denise. « Et pourtant quand j'étais petite j'ai souvent entendu moi-même dans notre village des remarques désobligeantes sur une femme du voisinage qui étaient sortie avec un Allemand et en avait eu un enfant. Les rapports franco-allemands se sont peut-être améliorés après la guerre, mais mère célibataire et fils illégitime ont eu à souffrir dans notre communauté villageoise, où tout le monde connaît tout le monde ! »

« Et le père allemand de ce garçon ? Est-ce qu'on n'a plus rien entendu de sa part ? » veux-je savoir.

« Après le départ des Allemands en été 1944 la Française n'a plus eu de nouvelles du soldat. Peut-être n'a-t-il rien su de son enfant ou bien a-t-il été tué la dernière année de la guerre.

Les femmes qui ont fréquenté des soldats allemands ont souvent été maltraitées après la libération et mises au pilori, on parle dans ce cas de « collaboration horizontale », et leurs enfants étaient considérés comme des « enfants maudits ».

En fait je ne sais pas si on a tondu cette femme du village d'à côté, ou si on l'a couverte de peinture – comme ça s'est fait ailleurs. Mais elle a dû subir l'humiliation d'être méprisée et exclue par ses voisins encore longtemps après la guerre. »

« Il est d'autant plus important qu'on réfléchisse bien si on doit continuer nos recherches dans le cas de Charmaine Dupont ! En ce qui me concerne, j'aime mieux ne rien savoir de plus au sujet du passé plutôt que de nuire à une personne âgée ! » dis-je.

Denise antwortete zunächst nicht, sondern schien innerlich mit sich zu kämpfen, da sie ihren Kopf hin und her wiegte. Ich merkte ihr an, wie ungern sie bereit war, das enthusiastisch verfolgte Ziel, die ehemalige Freundin meines Vaters zu finden, aufzugeben.

Schließlich meinte sie: „Vielleicht hast du recht, vielleicht sollten wir keine schlafenden Hunde wecken. Komm, lass uns nach Bignan zurückfahren!“

D'abord Denise ne répond pas, elle semble être en lutte avec elle-même, car elle secoue la tête de gauche à droite. Je vois bien qu'elle n'est pas prête à abandonner sans réticences le but poursuivi jusqu'ici avec tant d'ardeur, retrouver l'ancienne petite amie de mon père.

Finalement elle déclare : « Tu as peut-être raison, il vaut peut-être mieux ne pas réveiller le chat qui dort. Viens, retournons à Bignan ! »

9. Die Enthüllung

Nicht nur in Frankreich war die Liebe zwischen den deutschen Soldaten und Frauen des Feindes ein Thema, das allerdings nicht öffentlich, sondern fast ausschließlich im geschützten Kreis von Familie und engsten Freunden diskutiert wurde.

Denn viele Pakete, die von den Landsern aus Frankreich nach Deutschland geschickt wurden, erregten in der Heimat die Fantasie: Dort wurden seidene Damen-Unterwäsche, Negligés aus Spitze, betörende, die Sinne berauschende Parfums und Necessaires für die Körperpflege aus Schildplatt und Silber ausgepackt – offenbar sündige Luxusattribute verführerischer, die freie Liebe praktizierender „Femmes fatales[4]“, mit denen die männlichen Angehörigen in „Kontakt“ gekommen waren.

Der Inhalt dieser Pakete stand im Gegensatz zu der offiziellen Nazipropaganda, wie eine deutsche Frau allgemein zu sein und sich speziell in der Liebe zu verhalten hatte: Sie sollte den Mann ehrlich und moralisch anständig mit Natürlichkeit bezaubern und den Sex als Mittel zum Zweck der Fortpflanzung praktizieren, doch nicht, um dabei Lust zu empfinden.

Daher – so forderte die Nazipropaganda – brauche eine deutsche Frau zum Beispiel keine aufdringliche, verführerische Kleidung wie seidene Unterwäsche, sondern könne sich auch mit einfacher, aus Wolle oder Baumwolle gefertigter und auf ihren pragmatischen Zweck reduzierter zufriedengeben. So weit die Theorie!

Die Praxis sah jedoch ganz anders aus! Denn auch in der freudlosen Zeit des dritten Reiches sehnten sich die Frauen nach jenen luxuriösen Artikeln, die ihnen vorenthalten wurden.

---

[4] „Femmes fatales“ = todbringende Frauen; Gemeint waren damit verführerische, amoralische Frauen, die die Männer, die sich in sie verliebten, hörig machten und sie ins Verderben rissen (Beispiele aus der Literatur und Musik sind u. a. Carmen, Lulu oder Salome).

9. La révélation

Ce n'était pas seulement en France que l'amour entre soldats allemands et femmes du camp ennemi était un sujet de discussion, non pas en public mais presqu'uniquement dans le cadre restreint de la famille et des amis les plus intimes.

En effet de nombreux paquets envoyés de France vers l'Allemagne par les soldats réveillaient des fantasmes dans leur pays d'origine. On y déballait des sous-vêtements féminins en soie, des négligés de dentelle, des parfums envoûtants qui enivraient les sens, et des nécessaires de toilette en écaille de tortue et en argent – manifestement les objets de luxe de « femmes fatales[4] » séduisantes et pratiquant l'amour libre, avec lesquelles les hommes de leur famille étaient entrés « en contact ».

Le contenu de ces paquets était en contradiction flagrante avec la propagande officielle nazie réglementant comment la femme allemande avait à être, et en particulier avait à se comporter dans les affaires de cœur : sincère et moralement irréprochable, elle devait charmer un homme avec naturel, et n'avoir de rapports sexuels que pour la reproduction, et sûrement pas pour en tirer du plaisir.

C'est pour cela – c'est ainsi que l'exige la propagande nazie – qu'une femme allemande n'a pas besoin par exemple d'habits voyants ou séduisants tels que des sous-vêtements de soie, mais doit pouvoir se contenter d'une lingerie plus modeste, en laine ou en coton, et se limitant à son côté fonctionnel. Voilà la théorie !

En pratique c'était autre chose ! Car même pendant les années sombres du troisième Reich, les femmes désiraient ces articles de luxe dont on les privait.

---

[4] « Femmes fatales » – Femmes causant la mort ; ce sont des femmes séduisantes, amorales, qui rendent possédés les hommes qui tombent amoureux d'elles et les entraînent à leur perdition (exemples dans la littérature et la musique : Carmen, Lulu ou Salomé).

Entsprechende Freude löste jedes dieser Pakete aus! Dass die obersten Heerführer der Nazis die ersten waren, die sich in den französischen Läden an diesen von ihnen offiziell verpönten Artikeln vergriffen, braucht nicht erwähnt zu werden. Es ist die alte Geschichte von den Mächtigen, die Wasser predigen, aber selber Wein trinken.

Ob je so ein Paket im Jahre 1940 im Haus an der Schulstraße in Lippstadt ankam, weiß ich nicht, doch bedingt durch Klatsch und Tratsch, der auch in der Nazizeit blühte, werden auch dessen Bewohner von solchen Sendungen aus Frankreich in der Nachbarschaft erfahren haben.

Hier in diesem Haus in der Schulstraße wohnte die Witwe Wilhelmine Ortwein mit ihren beiden Kindern, meinem späteren Vater Hans Ortwein und meiner späteren Tante Mia Ortwein, und verdiente in der Wohnung im zweiten Stock ihren Lebensunterhalt mit dem Bügeln von Oberhemden und Blusen für die damals so genannte „bessere Gesellschaft" der Stadt.

Als mein Vater im Jahre 1940 in den Krieg gen Frankreich zog, ließ er seine verzweifelte Mutter zurück. Auf dem einzigen Bild, das ich von der Verabschiedung meines Vaters in den Krieg besitze, stehen meine Großmutter, meine Tante und mein Vater auf der obersten Treppenstufe des Vordachs zum Haus in der Schulstraße. Mein Vater trägt die Uniform eines Pioniers und hält in seiner rechten Hand einen kleinen Koffer, während seine linke Hand ein unförmiges Paket umfasst, das mit einem Tuch umwickelt ist.

Meine Großmutter steht neben ihm zu seiner Rechten, ihrem Sohn zugewandt, den sie tapfer anlächelt. Über ihr schwarzes Kleid hat sie eine karierte Schürze gebunden, es sieht so aus, als habe sie für einen kurzen Augenblick ihre Arbeit verlassen.

Meine Tante, so scheint es, will meinen Vater noch ein Stück begleiten – vielleicht zum Bahnhof – und hat sich dafür „fein" gemacht. Sie trägt einen eleganten Mantel aus einem karierten Wollstoff, glänzende schwarze Schuhe mit Absatz – und in ihrer Hand eine Felltasche oder einen Muff. Mit gewinnendem, charmantem Lächeln und frischer Dauerwelle posiert sie an seiner Linken für die Kamera.

La joie produite par chacun de ces paquets en était d'autant plus grande ! Que les plus hauts chefs militaires nazis aient été les premiers à se servir dans les magasins français de ces articles officiellement dénigrés, il est inutile de le dire. C'est la vieille histoire des hommes de pouvoir qui prêchent l'eau mais boivent eux-mêmes du vin.

Je ne sais pas si un paquet de la sorte a pu arriver en 1940 dans la maison de la Schulstraße (rue de l'École) à Lippstadt, mais grâce aux ragots et aux commérages qui foisonnaient également sous les nazis, ses habitants ont bien dû entendre parler de tels envois venant de France dans leur voisinage.

C'est ici dans cette maison de la Schulstraße que la veuve Wilhelmine Ortwein a vécu avec ses deux enfants, Hans Ortwein plus tard mon père et Mia Ortwein ma tante, et qu'elle a gagné sa vie en repassant dans son appartement du deuxième étage les chemises et les blouses de la « bonne société » de la ville comme on disait à l'époque.

Quand mon père est parti pour la guerre contre la France en 1940, il a laissé sa mère désespérée. Sur la seule photo du départ de mon père pour la guerre que je possède, ma grand-mère, ma tante et mon père se trouvent sur la plus haute marche de l'escalier, sous l'auvent de leur maison de la Schulstraße. Mon père porte l'uniforme de pionnier et tient dans sa main droite une petite valise, tandis que sa main gauche est posée sur une gibecière informe en toile.

Ma grand-mère se tient à sa droite, tournée vers son fils, et lui sourit courageusement. Elle a noué un tablier à carreaux sur sa robe noire. On dirait qu'elle vient d'interrompre son travail pour un petit instant.

Ma tante, elle, semble vouloir accompagner mon père encore un peu – peut-être à la gare – et s'est mise pour cela sur son trente-et-un. Elle porte un élégant manteau en lainage à carreaux, des chaussures à talon noires et bien cirées – et tient dans sa main une pochette en fourrure ou un manchon. Avec un sourire engageant et charmant, et une nouvelle permanente, elle prend la pose pour la photo à gauche de mon père.

Während mein Vater in Frankreich oder später in Russland diente, lebte meine spätere Großmutter in der ständigen Angst, dass ihr nach dem Ehemann nun auch noch der Sohn genommen werden könnte. Jeder Brief von meinem Vater wurde daher im Haus in der Schulstraße mit einem Gemisch aus Freude und Sorge empfangen. Am Anfang seiner Soldatenzeit konnte mein Vater Feldpostbriefe schreiben, die noch nicht stark zensiert wurden. Ob er in diesen Briefen Andeutungen über seine Bekanntschaft mit Charmaine machte, entzieht sich meiner Kenntnis, doch ich nehme an, dass er seine Bekanntschaft mit ihr zunächst verschwieg und sie auch bei einem Heimaturlaub nicht erwähnte.

Charmaines Briefe, die ich als Kind noch in den Händen gehalten habe, wurden erst bedeutsam, als mein Vater Frankreich verlassen hatte und mit vielen anderen seiner vorher in Frankreich stationierten Kameraden nach Russland geschickt wurde.

Dort hatte sich die Lage zu Ungunsten der deutschen Truppen geändert, denn Hitlers Strategie eines Blitzkrieges gegen die Truppen des sowjetischen Diktators Stalin war nicht aufgegangen: Trotz anfänglicher Erfolge der Wehrmacht führten Großoffensiven der Russen Ende 1941 zu immer häufigeren deutschen Niederlagen, die schon damals – 40 Monate vor Kriegsende – darauf hinwiesen, dass das Tausendjährige Reich seinem Untergang entgegenging.

Hitler und seine Generäle hatten – wie einst vor ihnen schon Napoleon – die topografischen, klimatischen und sozialen Bedingungen, die sie in Russland bei einem länger andauernden Feldzug vorfinden würden, völlig falsch eingeschätzt.

Wie mein Vater mir später berichtete, waren die deutschen Landser nur unzureichend mit warmer Winterkleidung ausgerüstet. Im russischen Winter mit bis zu 45 Grad unter dem Gefrierpunkt boten zum Beispiel die Lederstiefel den Soldaten keinen Schutz gegen die Kälte, was zu Erfrierungen an den Zehen führte, die dann amputiert werden mussten.

Zahlreiche Frauen in Deutschland stifteten ihre Pelzmäntel und Pelzkragen, um damit die Soldatenröcke und -mäntel füttern

Pendant que mon père faisait son service en France, puis plus tard en Russie, ma grand-mère a vécu dans la crainte permanente qu'on puisse lui prendre encore son fils après son mari. Et voilà pourquoi chaque lettre de mon père était accueillie avec un mélange de joie et d'inquiétude dans la maison de la Schulstraße. Au début de son temps de service, mon père pouvait encore écrire par la poste aux armées des lettres qui ne soient pas trop censurées. Je ne sais pas si dans ces lettres il a fait allusion à Charmaine, sa nouvelle connaissance, mais je suppose qu'il l'a d'abord passée sous silence en écrivant à sa mère et à sa sœur, et qu'il n'en a pas parlé non plus au début quand il est allé chez lui en permission.

Les lettres de Charmaine, qu'enfant j'ai encore tenues entre mes mains, n'ont dû avoir de l'importance qu'après que mon père ait quitté la France et ait été envoyé en Russie comme beaucoup de ses camarades stationnés en France auparavant.

Là-bas la situation s'était retournée au désavantage des troupes allemandes, car la stratégie de la guerre éclair qu'Hitler avait choisie contre les troupes de Staline, le dictateur soviétique, avait échoué : malgré le succès initial de la Wehrmacht, les grandes offensives des Russes fin 1941 menèrent à toujours plus de défaites du côté allemand, ce qui laissait déjà prévoir alors – 40 mois avant la fin de la guerre – la chute prochaine de l'« empire millénaire ».

Hitler et ses généraux avaient entièrement mal évalué – tout comme Napoléon avant eux – les conditions topographiques, climatiques et sociales qu'ils trouveraient en Russie dans le cas d'une campagne de longue durée.

Comme mon père me l'a raconté plus tard, les soldats allemands étaient insuffisamment équipés en vêtements chauds. En Russie pendant l'hiver la température peut descendre à moins 45°, et par exemple les bottes de cuir des soldats ne protègent absolument pas du froid, ce qui mène à des orteils gelés qui doivent alors être amputés.

De nombreuses femmes en Allemagne ont cédé leurs manteaux ou leurs cols de fourrure pour qu'on puisse en fourrer les

zu lassen. Meine Tante zum Beispiel, die das Handwerk der Schneiderin erlernt hatte, wird sich nicht nur von ihrer Felltasche getrennt haben, sondern leitete sogar solche vom Bund Deutscher Mädel, der NS-Frauenschaft oder dem Winterhilfswerk organisierten Aktionen. Auch wenn diese im Einzelfall geholfen haben dürften, konnten sie doch die existenzielle Notlage der Soldaten an der russischen Front nur in geringem Maße lindern.

Mein Vater, der am liebsten in Frankreich geblieben wäre, scheint aber auch in Russland einen guten Schutzengel gehabt zu haben. Zwar waren seine Dienste als Dolmetscher nicht mehr gefragt, doch seine neue Aufgabe als Fahrer eines Majors hielt ihn weitgehend aus den Gefechten heraus. Kurz vor den Kampfhandlungen um Stalingrad wurde der Major nordwestlich in die Gegend um Leningrad abgezogen, so dass mein Vater zumindest dem Kessel von Stalingrad entging, den Hunderttausende von deutschen und russischen Soldaten mit ihrem Leben bezahlten.

Seine Bilder aus dem Krieg und von seinen Kriegskameraden zeigen jedoch nur hin und wieder dessen schreckliche Grausamkeit, dann nämlich, wenn mein Vater und andere Soldaten ihre toten Kameraden in einer schneeebedeckten Tundra beisetzen.

Sehr viel öfter sieht man jedoch in seinem Album Bilder von fröhlich zechenden Soldaten vor russischen Holzhäusern, den schon erwähnten Major mit seinen drei engsten Mitarbeitern, darunter auch meinen Vater, auf einer Holzbank sitzend, von Schießübungen der Soldaten im Schnee, von dem Weihnachtsfest in Russland mit einem kleinen, lamettageschmückten Weihnachtsbaum, umringt von den Kameraden meines Vaters, der seinerseits sehr abwesend und traurig aussieht, ja, sogar von touristischen Ausflügen zu russisch-orthodoxen Kirchen gibt es Fotos.

Schließlich enthält das Fotoalbum auch eine Bildergalerie von Kameraden, die den Krieg nicht überlebt haben, ausgeschnitten aus offiziellen Vermisstenanzeigen. Diese seine Kameraden, von denen ich einige auf den vorigen Fotos erkannt zu haben glaube, fanden wohl alle den Tod in Russland.

habits et les manteaux des soldats. Ma tante par exemple, qui avait appris le métier de couturière, ne se sera pas contentée de se séparer de son sac en fourrure, mais elle aura même dirigé des activités organisées par le « Bund Deutscher Mädel » (ligue des jeunes filles allemandes), la « NS-Frauenschaft » (organisation nationale-socialiste pour les femmes) ou le « Winterhilfswerk » (activités de bienfaisance en hiver). Même si ces dernières ont pu être utiles dans des cas isolés, elles n'auront pu soulager que dans une moindre mesure la détresse existentielle des soldats sur le front russe.

Mais mon père, qui aurait préféré rester en France, semble avoir eu un ange gardien en Russie également. Bien qu'on n'ait plus eu besoin de ses services en tant qu'interprète, ses nouvelles fonctions de chauffeur d'un major lui ont permis de se tenir largement éloigné des combats. Peu de temps avant les opérations de Stalingrad, le major a été envoyé vers le nord-ouest dans la région de Leningrad, ce qui fait que mon père a pu au moins échapper au chaudron de Stalingrad, qui aura causé la mort de centaines de milliers de soldats allemands et russes.

Ses photos de la guerre, et de ses camarades de guerre, ne laissent pourtant que rarement deviner la terrible cruauté de celle-ci, quand par exemple mon père et d'autres soldats enterrent leurs camarades défunts dans la toundra recouverte de neige. Dans son album on voit plutôt des photos de soldats levant joyeusement leur verre devant des isbas, le major déjà cité avec ses trois collaborateurs les plus proches, parmi eux mon père, assis sur un banc de bois, des soldats s'exerçant au tir dans la neige, la fête de Noël en Russie avec un petit sapin orné de guirlandes entouré par les camarades de mon père qui lui a l'air absent et triste, et il y a même des photos d'excursions touristiques aux églises orthodoxes russes.

L'album-photo contient enfin une série de portraits de ses camarades qui n'ont pas survécu à la guerre, découpés dans les faire-parts officiels des disparus. Ce sont ces camarades, dont j'ai cru reconnaître certains sur les autres photos, qui ont dû trouver la mort en Russie.

Von einer besonders schweren Zeit im Leben meines Vaters scheint es keine Fotos zu geben: von seiner Zeit im Kriegsgefangenenlager bei Leningrad, dem heutigen St. Petersburg. Was sich jedoch in meiner Familie erhalten hat, sind wenige Postkarten, die mein Vater an seine Mutter und Schwester aus dieser Zeit schrieb. Sie enthalten immer die gleichen Informationen: Es geht mir gut, ich bin gesund, ich hoffe auf meine baldige Entlassung und schicke liebe Grüße an Mutter und Schwester, denen es hoffentlich auch gut geht.

Mein Vater deutete in unseren gemeinsamen Gesprächen manchmal an, dass davon nichts wahr war.

Wie die anderen Kriegsgefangenen auch plagte ihn der unvorstellbare Hunger. Zudem litt er an einem Beindurchschuss sowie an einer unbehandelten Lungenentzündung, die ihn fast das Leben gekostet hätte. Schließlich fand er sich in Situationen wieder, in der jeder Kriegsgefangene seine anderen Kriegsgefangenen als Feinde beim Überleben erlebte. Jahrelang musste er Demütigungen ertragen, wie er sie nie für möglich gehalten hätte. Und während er noch bis 1950 im Lager ausharren musste, erfuhren die Kriegsgefangenen, dass Deutschland sich nach dem Krieg zu wandeln begann. All das, wofür sie gekämpft hatten, wurde nun geächtet, ihr Einsatz und ihr Opfer waren also sinnlos geworden.

Er sprach nicht gern über diese Zeit.

In Lippstadt, bei seiner Mutter und seiner Schwester, gab es mit zunehmender Dauer des Krieges immer mehr Einschränkungen, die aber nie die Ausmaße wie in Russland erreichten, wo nicht nur die Kriegsgefangenen, sondern auch die russische Bevölkerung nicht genug zu essen hatten.

Bedingt durch ihren Beruf als Schneiderin und ihre Geschicklichkeit im Wenden und Umarbeiten von gebrauchter Kleidung bekam meine unermüdliche Tante mehr Essensmarken zugeteilt, als ihr eigentlich zustanden, sodass Mutter und Tochter oft sogar mehr zu essen hatten als so manche größere Familie. Auf den Bildern in ihrem Fotoalbum sieht man meine Tante, die sich ihre Kleidung ja selber nähen konnte, stets wie aus dem Ei gepellt:

Il semble qu'il n'y ait pas de photos d'une période particulièrement difficile dans la vie de mon père : de son temps passé au camp de prisonniers près de Leningrad, aujourd'hui Saint-Pétersbourg. Mais ce que ma famille a gardé, ce sont quelques cartes postales que mon père a écrit à l'époque à sa mère et à sa sœur. Elles contiennent toujours les mêmes informations : je vais bien, je suis en bonne santé, j'espère être libéré bientôt et j'envoie mes bons baisers à ma mère et à ma sœur, qui vont bien aussi, je l'espère.

Mon père laissait parfois sous-entendre pendant nos conversations que rien de tout cela n'était vrai.

Il souffrait d'une faim indescriptible, tout comme les autres prisonniers de guerre. En plus il souffrait d'une blessure à la jambe ainsi que d'une pneumonie non traitée, qui lui aura presque coûté la vie. Finalement il s'est retrouvé dans des situations où tout prisonnier voit même en son camarade un ennemi dans sa lutte pour la survie. Pendant des années il a dû subir des humiliations telles qu'il n'aurait jamais cru possibles. Et alors qu'il était encore obligé de rester au camp jusqu'en 1950, les prisonniers apprenaient que l'Allemagne d'après-guerre commençait à se transformer. Tout ce pour quoi ils s'étaient battus était maintenant proscrit, leur engagement et leur sacrifice avaient été vains.

Il n'évoquait pas volontiers cette période-là.

À Lippstadt, plus longtemps durait la guerre, plus sa mère et sa sœur devaient se priver, mais jamais ces privations n'ont atteint le degré de celles subies en Russie, où non seulement les prisonniers ne mangeaient pas à leur faim, mais également la population russe.

Grâce à son métier de couturière et à son habileté à retourner et à transformer des habits déjà portés, ma tante, infatigable, a reçu plus de tickets de rationnement alimentaire qu'elle n'aurait dû en fait, de sorte que mère et fille se retrouvaient même avoir plus à manger parfois que certaines familles nombreuses. Sur les photos de son album, ma tante, qui pouvait faire ses habits elle-même, est toujours tirée à quatre épingles : ses robes, ses costumes

Ihre Kleider, Kostüme und Mäntel lassen sie aus der Schar weniger modisch elegant gekleideten Damen herausstechen.

Tante Mia, die von ihrer Mutter auf das Lyzeum in Lippstadt geschickt worden war und dieses nach der mittleren Reife (heute 10. Klasse) verließ, hatte ihre Lehre in dem angesagtesten, bei den Damen der „besseren Gesellschaft" hoch geschätzten Modehaus in Lippstadt gemacht. Später wurde sie Schneidermeisterin und stieg im dortigen Atelier zu einer führenden Kraft auf, nach der bei Anproben und Änderungen viele Kundinnen verlangten. So erhielt sie auch von diesen Damen der Gesellschaft Aufträge für maßgeschneiderte Kleider.

Über jene gut betuchte Kundschaft, die Mütter, Frauen, Schwestern und Cousinen reicher, erfolgreicher Lippstädter, hoffte meine Tante auch einen geeigneten Mann für sich zu finden. Auf keinen Fall wollte sie einen Handwerker heiraten und hatte auch diesbezügliche Avancen und Anträge stets abgelehnt. Sie träumte von einem sozialen Aufstieg in der Familie eines Akademikers!

So, wie sie selber sehr genaue Vorstellungen darüber hatte, wer sich zu ihrem Ehepartner eignen würde, so hatte sie diese auch für ihren Bruder, meinen Vater! Eine Französin aus dem besetzten Frankreich gehörte definitiv nicht dazu!

Umso entsetzter waren meine Tante und meine Großmutter, als sie – kurze Zeit nach der Abreise meines Vaters an die russische Front – einen Brief aus Frankreich zugestellt bekamen, der von einer gewissen, ihnen bisher unbekannten Charmaine Dupont geschrieben und in der ehemaligen Garnisonsstadt meines Vaters, in Nantes, abgestempelt worden war.

Um meinem Vater diesen Brief zuzustellen, hätte er aus dem Originalkuvert herausgenommen und in ein neues mit der Adresse der Stationierung in Russland gesteckt, als Feldpost deklariert und schließlich an die russische Front geschickt werden müssen. So weit, so gut!

Doch als meine Tante den Brief geöffnet hatte, ließ es ihr keine Ruhe, was diese Französin ihrem Bruder wohl geschrieben haben mochte. Auch meine Großmutter wollte unbedingt erfahren, was eine „Feindesfrau" ihrem Hans mitzuteilen hatte.

et ses manteaux la font sortir de la masse des femmes habillées moins à la mode et avec moins d'élégance.

Tante Mia, que sa mère avait envoyée au lycée de Lippstadt et qui l'avait quitté après le brevet (aujourd'hui la 10e) avait fait son apprentissage dans le magasin de mode le plus couru de Lippstadt, très apprécié par les dames de la « bonne société ». Plus tard elle a passé son diplôme de maître-couturière et est vite montée en grade dans cet atelier, étant très demandée par les clientes pour les essayages et les transformations. C'est ainsi que les dames de la société lui ont passé commande d'habits sur mesure.

Ma tante espérait trouver un mari qui lui convienne par l'intermédiaire de cette clientèle aisée, mères, femmes, sœurs et cousines de riches et prospères habitants de Lippstadt. Elle ne voulait à aucun prix d'un artisan, et avait par conséquent refusé toutes les avances et demandes en mariage qui ne lui correspondaient pas. Elle rêvait de grimper dans l'échelle sociale en entrant dans la famille d'un universitaire !

De même qu'elle avait une représentation très claire des qualités nécessaires à son futur mari, elle n'en avait pas moins pour son frère, mon père ! Une Française originaire de France occupée n'en faisait sûrement pas partie !

Ma tante et ma grand-mère ont été d'autant plus choquées quand – peu de temps après le départ de mon père pour le front russe – on leur délivra une lettre de France, écrite par une certaine Charmaine Dupont, inconnue d'elles jusque-là, et qui portait le tampon de l'ancienne ville de garnison de mon père, Nantes.

Pour que mon père reçoive cette lettre, il aurait fallu la sortir de l'enveloppe originale, la mettre dans une nouvelle enveloppe portant l'adresse du lieu de stationnement en Russie, la déclarer comme poste aux armées et enfin l'envoyer sur le front russe. Tout allait bien pour l'instant !

Mais après avoir ouvert la lettre, ce que cette Française avait bien pu écrire à son frère ne laissait pas de repos à ma tante. Ma grand-mère elle aussi voulait absolument savoir ce que cette « femme ennemie » avait à dire à son Hans.

In den sechs Jahren auf dem Lyzeum hatte meine Tante ebenfalls Französisch gehabt, sodass sie durchaus in der Lage war, Charmaines Botschaft zu verstehen. Sie holte das Wörterbuch herbei und begann den Brief zu entziffern,

Was sie las – so sagte sie mir später – gefiel ihr stilistisch außerordentlich gut! Der Brief war ein romantischer Liebesbrief, in dem die Schreiberin sich darüber beklagte, dass ihr Hans sie so plötzlich, und ohne Adieu zu sagen, verlassen habe und sie nun nicht wisse, was mit ihm geschehen sei. Dabei, so führte Charmaine aus, habe ihr Hans doch geschworen, immer mit ihr zusammenzubleiben und sie nach diesem schrecklichen Krieg zu heiraten.

Der letzte Teil des Briefes löste sowohl bei meiner Tante als auch bei meiner Großmutter Entsetzen aus. Meine Großmutter habe lauthals ausgerufen: „Nein, das darf nicht sein, dass Frankreich mir auch noch meinen Sohn wegnimmt!“ und dann habe sie bitterlich geweint und unter Schluchzen immer wieder gemurmelt: „Erst mein Mann und jetzt auch mein Sohn! Gott hilf mir, dass dieser Kelch an mir vorübergeht!“

Nachdem meine Tante ihre Mutter beruhigt hatte, schmiedeten die beiden Frauen einen Plan: Sie würden Charmaines Brief an meinen Vater weiterleiten, doch mein Vater würde ihr nicht zurückschreiben können, da die Post aus Russland stark zensiert wurde und jeder Kontakt mit den Feinden Deutschlands, zu denen diese Charmaine gehörte, als Hochverrat galt.

Und so erhielt mein Vater im Laufe von drei Jahren mehrere Briefe von der französischen Frau, in die er sich verliebt hatte. Sie beklagte immer, dass sie von ihm keine Antwort erhielt, beteuerte ihm ihre Liebe und stellte ihm ein gemeinsames Leben nach dem Krieg an seiner Seite in Aussicht. Und mein Vater konnte ihr nie antworten, sondern nur seiner Schwester und seiner Mutter die vorher genannten, nichtssagenden Postkarten schicken.

Nach drei Jahren schrieb Charmaine, dass sie nun ihren letzten Brief an ihren Hans schreibe, da sie keine Hoffnung habe, dass er noch an sie denke und sein Schweigen wahrscheinlich bedeute,

Pendant ses six années de lycée ma tante avait fait du français elle aussi, et elle était donc tout à fait capable de comprendre le message de Charmaine. Elle alla chercher le dictionnaire et commença à déchiffrer la lettre.

Comme elle me l'a dit plus tard, ce qu'elle a lu lui a plu énormément quant à son style. C'était une lettre d'amour romantique, dans laquelle l'auteure se plaint que son Hans l'ait quittée aussi subitement, sans lui dire adieu, et qu'elle ne sache pas maintenant ce qui lui est arrivé. Et pourtant, comme l'exprime Charmaine, son Hans lui a promis qu'ils resteraient toujours ensemble et qu'ils se marieraient à la fin de cette horrible guerre.

La dernière partie de la lettre a provoqué la consternation aussi bien chez ma tante que chez ma grand-mère. Celle-ci s'est écriée : « Non, il ne faut pas que la France me prenne en plus mon fils ! », elle s'est mise à verser des larmes amères, et en sanglotant n'a pas arrêté de murmurer : « D'abord mon mari, et maintenant mon fils ! Aide-moi mon Dieu, éloigne de moi ce calice ! »

Après que ma tante ait calmé sa mère, les deux femmes échafaudèrent un plan : elles allaient transmettre la lettre de Charmaine à mon père, mais mon père ne pourrait pas lui répondre, le courrier de Russie étant fortement censuré et tout contact avec les ennemis de l'Allemagne, auxquels appartenait cette Charmaine, étant considéré comme haute trahison.

Et c'est ainsi que pendant trois ans mon père a reçu plusieurs lettres de cette femme française de laquelle il était tombé amoureux. Elle s'y plaignait toujours de ne pas recevoir de réponse de lui, lui réaffirmait son amour et envisageait la perspective d'une vie commune à ses côtés après la guerre. Et mon père n'a jamais pu lui répondre, il n'a pu qu'envoyer à sa sœur et à sa mère les cartes postales au contenu insignifiant déjà citées.

Au bout de trois ans Charmaine écrivit que c'était sa dernière lettre à Hans, car elle n'avait plus d'espoir qu'il pense encore à elle et que son silence devait vraisemblablement signifier qu'il

dass er sie vergessen hätte. Sie wünsche ihm – vielleicht mit einer anderen Frau, mit der er eine Familie gegründet habe oder bald gründen würde – alles erdenklich Gute und Gottes Segen für sein weiteres Leben.

Auch dieser Brief wurde von meiner Tante in der beschriebenen Weise zunächst gelesen und übersetzt und dann in einem anderen Briefumschlag nach Russland geschickt, wo er meinem Vater in seiner hilflosen Situation die größte Qual zugefügt haben muss: den endgültigen Verlust seiner französischen Freundin Charmaine!

Er sollte es nach seiner Entlassung aus der Kriegsgefangenschaft im Jahre 1950 nie mehr wagen, Charmaine zu schreiben ...

Als ich diese Geschichte mehrere Jahre nach dem Tod meines Vaters von meiner Tante erfuhr, verstand ich die Welt nicht mehr.

„Tante Mia, warum hast du Charmaine, deren Adresse du kanntest, nicht geschrieben und ihr erklärt, dass mein Vater keine Möglichkeit hatte, ihr zu antworten?“, rief ich aufgebracht.

„Warum musstest du Charmaine und meinen Vater so quälen?“

„Jetzt übertreibe mal nicht“, meinte meine Tante kalt. „Was sollte denn dieser Briefverkehr überhaupt nützen? Deine Oma und ich waren uns eh darüber einig, dass eine solche Liebe keinen Bestand haben konnte. Die Hartnäckigkeit von Charmaine hat uns zwar gewundert, doch wir hofften, dass sie eines Tages mit der Briefeschreiberei aufhören würde. Was sie ja auch getan hat!“, fügte meine Tante noch hinzu.

„Doch dafür habt ihr sowohl Charmaine als auch meinem Vater sehr wehgetan!“, rief ich. „Hat euch das denn gar nichts ausgemacht?“

„Mein Bruder Hans hat auch die Gefühle unserer Mutter mit dieser Liebe verletzt. Ausgerechnet eine Französin musste es sein! Wo sie doch alles, was aus Frankreich kam, hasste!“

l'avait oubliée. Elle lui souhaitait tout le bien possible – avec une autre femme peut-être, avec qui il aurait fondé ou allait fonder une famille – et que Dieu le bénisse pour le reste de sa vie.

Cette lettre aussi, ma tante, comme déjà décrit, l'a d'abord lue et traduite, puis mise dans une autre enveloppe et envoyée en Russie, où elle a dû causer à mon père les plus vifs tourments dans son impuissance : la perte définitive de Charmaine, son amie française !

Il n'allait plus jamais oser écrire à Charmaine après son retour de captivité en 1950...

Lorsque j'ai appris cette histoire par ma tante quelques années après la mort de mon père, j'en suis restée sans voix.

« Tante Mia, tu connaissais l'adresse de Charmaine, pourquoi est-ce que tu ne lui as pas écrit pour lui expliquer qu'il était impossible pour mon père de lui répondre ? » me suis-je exclamée, indignée.

« Pourquoi a-t-il fallu que tu fasses souffrir mon père et Charmaine comme ça ? »

« Tu veux bien ne pas exagérer » dit ma tante avec froideur. « À quoi aurait servi cet échange de lettres, finalement ? D'ailleurs ta grand-mère était du même avis que moi, un amour comme celui-là ne pouvait pas durer. La persévérance de Charmaine nous a bel et bien étonnées, mais nous avions l'espoir qu'un beau jour elle aurait cessé d'écrire ces lettres. Et c'est ce qui s'est passé ! », ajouta encore ma tante.

« Mais en attendant vous avez fait beaucoup de mal à Charmaine, et à mon père aussi ! », me suis-je écriée. « Est-ce que ça ne vous a rien fait ? »

« Mon frère Hans a donc heurté lui aussi les sentiments de notre mère avec cet amour. Il a fallu que ce soit justement une Française ! Alors qu'elle haïssait tout ce qui venait de France ! »

10. Navarin während der Besatzung

Wie traurig muss mein Vater gewesen sein, als er Frankreich, das ihm wie eine zweite Heimat erschienen sein wird, und seine große Liebe Charmaine verlassen und als Soldat in ein kaltes, abstoßendes Land musste, in dem ihn nur grauenhafte Erlebnisse erwarteten!

Wie wäre es ihm wohl ergangen, wenn er in der Bretagne hätte bleiben können? Hätte er sich mit der Art und Weise der Besatzung arrangieren können?

Für die bretonischen Bürgerinnen und Bürger wurde das immer schwieriger! Was ihnen die Deutschen in ihren Feld-, Kreis- und Standortkommandanturen zumuteten, ließ in ihnen die kalte Wut aufsteigen!

Die schon erwähnte „Organisation Todt“ machte sich daran, in Frankreich ein System zu etablieren, in dem der unterworfenen Bevölkerung nicht die geringsten Freiheiten zugestanden wurden: In Friedenszeiten hatten sich die Männer des Abends zum Boule-Spiel im Park oder zu einem „petit verre“ (einem kleinen Glas) in der nächsten Bar getroffen. Die Frauen waren in Handarbeitsklubs und Lesezirkeln und die Kinder in außerschulische Aktivitäten wie Fußballspielen eingebunden.

All diese harmlosen Aktivitäten wurden jetzt nicht mehr geduldet, sondern es musste um Erlaubnis bei der Kommandantur angefragt werden, ob eine solche Veranstaltung überhaupt stattfinden konnte. Das Wort „Verboten!“ war eines der ersten deutschen Wörter, die jeder Mann, jede Frau und jedes Kind im besetzten Frankreich sofort beherrschte.

Und ab dem 17. Oktober 1940 musste jede Person über 16 Jahren seine Carte d'identité, die Identifikationskarte, immer mit sich führen, um sich stets und überall ausweisen zu können.

Den größten Unmut erregte es, dass schon kurz nach der Besatzung eine Verknappung der Lebensmittel einsetzte, weil viele Produkte aus der Bretagne, dieser landwirtschaftlich so ertrag-

10. Navarin pendant l'occupation

Comme mon père a dû être triste quand il a été obligé de quitter la France, qui avait dû être pour lui comme une deuxième patrie, ainsi que Charmaine, son grand amour, pour s'en aller comme soldat dans un pays froid et repoussant où ne l'attendaient que d'horribles expériences !

Que serait-il devenu s'il avait pu rester en Bretagne ? Est-ce qu'il aurait pu s'arranger avec les particularités de l'occupation ?

Pour les Bretons et les Bretonnes la vie est de plus en plus difficile ! Ce que les Allemands attendent d'eux dans leurs différentes kommandanturs les met dans une colère froide !

L'organisation « Todt » déjà citée est en train d'établir en France un système dans lequel la population assujettie n'aurait plus la moindre liberté : en temps de paix, les hommes avaient l'habitude de se rencontrer pour jouer aux boules dans le parc ou pour boire un « petit verre » au bar du coin. Les femmes se retrouvaient dans des clubs de travail manuel ou des cercles de lecture, et les enfants dans des activités extrascolaires comme jouer au foot.

Toutes ces activités bien inoffensives ne sont plus tolérées désormais, il faut demander une autorisation à la kommandantur pour qu'une manifestation puisse avoir lieu. Le mot « Verboten ! » (interdit) est l'un des premiers mots allemands que chacun, homme, femme ou enfant, a tout de suite maîtrisé dans la France occupée.

Et à partir du 17 octobre 1940 toute personne de plus de 16 ans doit toujours avoir ses papiers surs soi, afin de pouvoir justifier son identité, toujours et partout.

Ce qui cause le plus grand mécontentement, déjà peu de temps après le début de l'occupation, c'est la pénurie de denrées alimentaires. En effet une grande partie de la production de Bretagne,

reichen Region, nach Deutschland geschickt wurden. Lebensmittel wurden rationiert und die Bretonen brauchten bald Lebensmittelkarten, um Kartoffeln, Milch oder Butter bei den dafür zuständigen Ausgabestellen zu bekommen. Doch auch diese Grundnahrungsmittel waren nicht jeden Tag erhältlich: Den Metzgereien wurde zum Beispiel an drei Tagen der Woche (Mittwoch, Donnerstag, Freitag) der Verkauf von Frischfleisch oder Fleischkonserven verboten.

Im Verlauf der Okkupation kam erschwerend dazu, dass die Fleisch-, Butter-, Milch- und Kartoffelrationen immer kleiner ausfielen. Dann blieb einer Mutter mit kleinen Kindern nichts anderes übrig, als die benötigte Milch auf dem Schwarzmarkt zu erstehen – zu völlig überzogenen Preisen und mit der Angst im Nacken, dass sie von den deutschen Soldaten oder von mit ihnen kollaborierenden Franzosen dabei erwischt wurde. Der Kauf am Schwarzmarkt konnte mit Gefängnis, ja, in schweren Fällen sogar mit dem Tode bestraft werden, da er als Akt des Widerstands gegen die neue Staatsgewalt angesehen wurde.

Doch ungeachtet solcher Drohungen gab es für die Bevölkerung ohne Garten nur die Alternative, Hunger zu leiden oder auf dem Schwarzmarkt zu handeln. Für diese Geschäfte wurde das Fahrrad zum wichtigsten Fortbewegungsmittel, für das man auch kein rationiertes Benzin brauchte: Konnte man doch mit dem Vélo zu einem der abgelegenen Bauernhöfe fahren, um dort Eier oder Milch „einzukaufen“ oder zu einer Mühle am Rande eines Dorfes radeln und dort den Müller um den Verkauf von einem Kilo Mehl bitten.

Als die Deutschen in Frankreich einmarschierten, waren alle Pariser Verwandten der Familie Moizan in Navarin, wo sie eigentlich wie gewohnt die Sommerferien verbringen wollten.

Schnell stießen die deutschen Truppen in Richtung Paris vor und trieben Flüchtlinge mit ihrer geringen Habe vor sich her in Richtung Westen. Im paradiesischen Navarin wurden heftige Diskussionen geführt, wie man sich nun verhalten sollte. In der abgelegenen und daher gewiss sicheren Bretagne abwarten, bis sich der Sturm gelegt hatte oder sofort nach Paris zurückkehren,

cette région si riche dans le domaine agricole, est envoyée en Allemagne. L'alimentation est rationnée et bientôt les Bretons doivent posséder des cartes de ravitaillement pour pouvoir obtenir des pommes de terre, du lait ou du beurre aux points de distribution autorisés. Mais même ces aliments de base ne sont pas disponibles tous les jours. Par exemple il est défendu aux bouchers de vendre de la viande fraîche ou en conserve trois fois par semaine (le mercredi, le jeudi et le vendredi).

À cela s'ajoute qu'au cours de l'occupation les rations de viande, de beurre, de lait et de pommes de terre diminuent de plus en plus. Alors, pour une mère de jeunes enfants, il ne reste rien d'autre que de se procurer le lait indispensable au marché noir – à un prix prohibitif, et la peur au ventre d'être surprise par les soldats allemands ou par les collaborateurs. Faire des achats au marché noir peut être puni de prison, et même de peine de mort dans les cas graves, car c'est considéré comme un acte de résistance à la nouvelle autorité publique.

Mais au-delà de ces menaces, pour la population qui ne possède pas de jardin, l'alternative c'est ou bien mourir de faim ou bien faire du marché noir. Pour ce dernier, le vélo s'avère être un moyen de locomotion idéal, qui ne nécessite pas d'essence, rationnée elle aussi. En vélo on peut atteindre une ferme reculée pour y « acheter » des œufs ou du lait, ou bien on pédale jusqu'au moulin situé en bordure d'un village pour y demander au meunier s'il veut bien vendre un kilo de farine.

Quand les Allemands envahissent la France, toute la parenté parisienne de la famille Moizan se trouve à Navarin, où comme d'habitude elle se prépare à passer les vacances d'été.

Les troupes allemandes avancent rapidement en direction de Paris, poussant la population à fuir devant eux vers l'ouest avec leurs maigres possessions. Pendant ce temps à Navarin, lieu paradisiaque, les discussions vont bon train. Comment faut-il se comporter maintenant, attendre que la tempête se calme dans cette Bretagne éloignée, et donc en sécurité, ou bien rentrer tout

um der neuen Situation zu begegnen? Marianne, eine Tante von Denise, erklärte, sie werde mit ihren Kindern Yvonne und Albert in Navarin bleiben. Die Angst, dass Paris von Bomben zerstört werden könnte, hatte sie zu diesem Entschluss gebracht. Alle anderen Pariser Verwandten nahmen die nächsten Züge nach Paris, um in eine besetzte Stadt zurückzukehren, in der schon bald darauf Mangel von allem herrschte, was ihnen die Metropole vorher zu bieten hatte.

Yvonne, die jetzige Besitzerin von Navarin, war im Jahre 1940 11 Jahre alt und ihr Bruder Albert 14. Beide Kinder wohnten während der gesamten Besatzungszeit fast nur in Navarin, besuchten die Schule in Locminé und freundeten sich mit vielen bretonischen Kindern an. Im zweiten Okkupationsjahr ging Yvonne in Locminé zur Erstkommunion, was verwunderlich war, weil Navarin, wo sie mit ihrem Bruder und ihrer Mutter wohnte, eigentlich zu Bignan gehörte.

Doch Marianne hatte alles darangesetzt, um für sich und ihre Kinder den Flüchtlingsstatus in Locminé zu erhalten. Der Grund für ihr Insistieren war die miserable Versorgungssituation! Als Flüchtlinge hatten sie und ihre Kinder Anspruch auf Hilfsleistungen in Form von Lebensmittelmarken, die ihnen sonst nicht zugestanden worden wären. So wie die anderen Flüchtlinge, die aus dem schon besetzten und zerstörten Osten des Landes in die ländliche Bretagne geflohen waren! Im Gegensatz zu diesen Flüchtlingen konnten Marianne und ihre Kinder allerdings auf zwei unbezahlbare Schätze zurückgreifen, auf die die anderen Flüchtlinge verzichten mussten: Sie bewohnten ihr eigenes, großzügiges Haus und besaßen ein riesiges Grundstück, auf dem sie Kleinvieh halten und ihr eigenes Gemüse ernten konnten. So ausgerüstet, wussten sie viel besser durch die schweren Zeiten zu kommen!

Kurz nach der Abreise der Pariser Verwandtschaft sollten sich allerdings auch in Locminé die Verhältnisse ändern, denn am 20. Juni 1940 drangen allmählich deutsche Truppen in die Umgebung von Locminé vor, zunächst so, als befänden sie sich in einem Manöver. Zwei Tage später war aus dem Kriegsspiel Ernst geworden: Deutsche Offiziere zogen mit einer Einheit von

de suite à Paris pour faire face à la nouvelle situation ? Marianne, une des tantes de Denise, déclare qu'elle veut rester à Navarin avec ses enfants Yvonne et Albert. C'est la peur que Paris soit détruit par les bombes qui l'a amenée à cette décision. Tous les autres membres de la famille prennent le premier train en direction de Paris pour retrouver une ville occupée dans laquelle règne bientôt la pénurie de tout ce que la métropole a pu leur offrir auparavant.

Yvonne, la propriétaire actuelle de Navarin, a onze ans en 1940 et son frère Albert quatorze ans. Les deux enfants passent presque tout le temps de l'occupation à Navarin, vont à l'école à Locminé et se font beaucoup d'amis parmi les enfants bretons. Pendant la deuxième année de l'occupation Yvonne fait sa première communion à Locminé, ce qui est étonnant car Navarin où elle habite avec son frère et sa mère fait en réalité partie de Bignan.

Mais Marianne a mis tout en œuvre pour obtenir le statut de réfugié à Locminé pour elle et ses enfants. La raison de son insistance c'est la situation catastrophique du ravitaillement ! En tant que réfugiée elle a droit ainsi que ses enfants à des aides sous forme de tickets de ravitaillement qui autrement ne lui seraient pas délivrés. Comme les autres réfugiés des régions déjà occupées et détruites de l'est du pays et qui sont arrivés dans la campagne bretonne ! Au contraire de ces réfugiés, Marianne et ses enfants peuvent au moins avoir recours à deux précieux moyens dont doivent se priver les autres : ils habitent dans leur propre maison qui est vaste, et ils possèdent un immense terrain sur lequel ils peuvent pratiquer un petit élevage et récolter leurs propres légumes. Ainsi parés ils arrivent mieux à surmonter ces temps difficiles !

Peu après le départ de la famille de Paris, cependant, les circonstances vont changer à Locminé également, car le 20 juin 1940 les troupes allemandes avancent progressivement aux alentours de Locminé. Tout d'abord on dirait qu'elles font des manœuvres, deux jours plus tard ce n'est plus un jeu mais du sérieux : des officiers allemands entrent dans la petite ville avec une unité

160 Mann, vielen Pferden und einigen Fahrzeugen in die kleine Stadt ein und nahmen die Hotels und die schönsten Häuser der Stadt in Beschlag. Auf der Wiese am Pont Mab Olivier entstand in kürzester Zeit ein Feldlager. Mit großem Erstaunen wurden die Locminéer Zeuge einer Parade: Die jungen deutschen Soldaten marschierten ohne Unterlass im Kreis herum und sangen dabei kriegerische Lieder, die offenbar die Bevölkerung einschüchtern sollten.

Unter den Besatzern hatte neben dem Bürgermeister Julien le Roy insbesondere der damalige katholische Vikar Abbé Ambroise Gougoulic zu leiden, der vielen Repressalien ausgesetzt war. Er musste mit ansehen, dass die Besatzer gleich bei ihrer Beschlagnahme der Locminéer Mairie als neue Standortkommandantur das dort im Saal hängende Kreuz gegen das Fenster warfen und es zerbrachen. An der Stelle des Kreuzes hing dort fortan ein Bild von Adolf Hitler. Kurze Zeit später wurde dem Geistlichen sogar sein eigenes Silberkreuz von den Nazis gestohlen.

Eines Tages, als der Priester mitten in der Nacht zu einem Kranken gerufen wurde, um ihm die letzte Ölung zu geben, musste er sich wegen der Ausgangssperre zunächst in die Kommandantur begeben, um einen Passierschein zu beantragen. Zwei schwer bewaffnete deutsche Soldaten begleiteten ihn dann zum Haus des Todkranken und durchsuchten erst das gesamte Haus, bevor sie dem Geistlichen Eintritt gewährten. Nach dem Verabreichen der Sterbesakramente wurde er wie ein Schwerverbrecher zurück ins Pfarrhaus geführt.

Mehrere Male wurde Abbé Gougoulic in der Besatzungszeit festgenommen: Beim ersten Mal wurde ihm vorgeworfen, er habe englische Fallschirmspringer bei sich im Pfarrhaus beherbergt; ein anderes Mal wurde ihm seine Beschwerde über einen deutschen Soldaten, der sich beim Besuch des Bischofs von Vannes schrecklich benommen hatte, als subversives Verhalten gegen die Besatzungsmacht ausgelegt. Und immer wieder legte man ihm Steine in den Weg bei der Ausübung seines Priesteramtes!

Daran war auch die Rationierung der Lebensmittel Schuld, die dazu führte, dass der Priester bald an keinen Messwein, keine Ker-

de 160 soldats, de nombreux chevaux et quelques véhicules, et réquisitionnent les hôtels et les plus belles maisons de la ville. Sur le pré au pont Mab Olivier se monte en un temps record un camp militaire. Les habitants de Locminé sont témoins d'une parade qui les laisse stupéfaits : les jeunes soldats allemands marchent au pas en cercle et sans relâche en chantant des chants de guerre destinés apparemment à impressionner la population.

À part le maire Julien le Roy, c'est surtout le vicaire catholique de l'époque, l'abbé Ambroise Gougoulic, qui a le plus à redouter des occupants, et qui est soumis à de nombreuses mesures de répression. Il est présent lorsque les occupants, dès leur réquisition de la mairie de Locminé pour en faire la nouvelle Kommandantur, jettent contre la fenêtre la croix suspendue dans la salle et la brisent. À la place de la croix se trouve à partir de ce moment-là le portrait d'Adolphe Hitler. Peu de temps après les nazis dérobent même sa croix d'argent au prêtre.

Un jour, alors que l'ecclésiastique est appelé au chevet d'un malade pour lui donner l'extrême-onction, il doit d'abord aller à la Kommandantur pour demander un laissez-passer à cause du couvre-feu. Deux soldats allemands armés jusqu'aux dents l'accompagnent jusqu'à la maison du mourant et fouillent toute la maison avant d'autoriser le prêtre à y entrer. Après avoir administré les derniers sacrements, celui-ci est reconduit au presbytère comme un malfaiteur.

L'abbé Gougoulic est arrêté à plusieurs reprises pendant l'occupation : la première fois on lui reproche d'avoir hébergé chez lui au presbytère un parachutiste anglais; une autre fois on considère sa plainte contre un soldat allemand, qui se conduit d'une façon inadmissible lors de la visite de l'évêque de Vannes, comme un comportement subversif envers les autorités d'occupation. Et encore et toujours on lui met des bâtons dans les roues dans l'exercice de ses fonctions de prêtre !

Le rationnement du ravitaillement y est aussi pour quelque chose, car le prêtre n'obtient bientôt plus ni vin de messe, ni bou-

zen oder an Hostien mehr kommen konnte. Angesichts solcher Verhältnisse und Repressalien war es nicht selbstverständlich, dass die Locminéer Kinder und ihre Pariser Freunde überhaupt die Erste Heilige Kommunion empfangen konnten.

Im Jahre 1941 hatte man den verletzten Soldaten Henri Moizan, den späteren Vater von Denise, im unbesetzten Bordeaux ins Krankenhaus gebracht. Kurz vor der Kommunionfeier von Yvonne rief der Verletzte eine der Ordensschwestern, die ihn pflegten, zu sich. Er bat sie, für ihn eine Medaille mit der Jungfrau Maria zu kaufen, die er seinem Patenkind Yvonne zur Kommunion schenken und ihr in die ferne Bretagne schicken wollte. Das wertvolle Geschenk kam auch tatsächlich rechtzeitig an. Wie mir Denise erzählte, trägt Yvonne diese Medaille seitdem immer. Es sollte jedoch noch einige Zeit dauern, bis sie sich für das Geschenk persönlich bedanken konnte, obwohl Henri Moizan kurz danach in ihre Heimatstadt Paris ins Militärkrankenhaus Val de Grâce verlegt wurde, bevor er wieder diensttauglich geschrieben und in den Krieg entlassen wurde – doch nicht in die Bretagne, wo Yvonne nun wohnte.

„Dass Yvonne und Albert mit ihrer Mutter als Kriegsflüchtlinge in Navarin wohnen konnten, war wirklich ein Glück für sie!“, meinte Denise, als wir über diese Zeit in dem Haus am Rande von Locminé sprachen. „Sie mussten nicht den Bombenhagel ertragen, im Gegensatz zu meiner damals erst drei Jahre alten Cousine, die ebenfalls Denise hieß. Jeden Tag heulten die Sirenen und dann musste die Kleine ganz schnell mit allen anderen Hausbewohnern in den Keller oder in einen Bunker steigen. Eines Tages bemerkte Denise, dass sie Charlotte, ihre geliebte Puppe, vergessen hatte. Als sie aus dem Keller laufen wollte, um sie zu holen, fielen Bomben mit großen Krach auf das Haus, und das erschrockene Mädchen rannte wieder zu seiner Mutter zurück, fing an zu weinen und sagte immer: „Charlotte, Charlotte!“ vor sich hin.

Nach dem Bombenangriff fand sich Charlotte wieder. Sie lag im Schutt des bombardierten und dabei völlig zerstörten Kinderzimmers. Doch auch die Puppe war beschädigt bzw. verletzt, wie

gies ni hosties. Étant donné ces circonstances et ces répressions, cela ne va pas de soi que les enfants de Locminé et leurs amis parisiens puissent recevoir la première communion.

En juin 1941 on a transféré le soldat blessé Henri Moizan, qui sera plus tard le père de Denise, à l'hôpital de la ville non occupée de Bordeaux. Peu de temps avant la communion d'Yvonne, le blessé fait venir auprès de lui une des sœurs qui le soignent et lui demande de lui acheter une médaille de la Vierge Marie. Il veut l'offrir à sa filleule Yvonne pour sa communion et la lui envoyer dans la lointaine Bretagne. Et ce précieux cadeau arrive effectivement à temps. Comme Denise me le racontera plus tard, Yvonne porte toujours cette médaille sur elle depuis lors. Mais elle devra encore attendre quelque temps avant de pouvoir remercier elle-même son parrain, bien qu'Henri Moizan soit transféré peu après à l'hôpital militaire du Val-de-Grâce à Paris, ville de sa filleule – avant d'être déclaré à nouveau apte au service et renvoyé à la guerre – mais pas en Bretagne, où se trouve maintenant Yvonne.

« Yvonne et Albert ont vraiment eu de la chance de pouvoir vivre avec leur mère à Navarin en tant que réfugiés ! », dit Denise alors que nous nous entretenons sur cette époque dans la maison à la périphérie de Locminé. « Ils n'ont pas eu à subir de bombardements, contrairement à ma cousine qui allait devenir plus tard ma marraine. Elle n'avait alors que trois ans et s'appelait aussi Denise. Tous les jours il y avait une alerte, et au hurlement des sirènes elle devait courir se réfugier dans la cave ou dans un abri avec tous les habitants de la maison. Une fois Denise s'était rendue compte qu'elle avait oublié Charlotte, la poupée qu'elle aimait tant. Elle était sur le point de sortir en courant de la cave pour aller la chercher, quand les bombes sont tombées sur la maison avec un bruit assourdissant, et la petite fille apeurée est retournée bien vite près de sa mère en pleurant et en murmurant sans arrêt « Charlotte, Charlotte ! »

Après le bombardement on a retrouvé Charlotte qui gisait dans les décombres de la chambre d'enfant entièrement démolie par les bombes. La poupée était endommagée elle aussi, ou plutôt

sich Denise ausdrückte. Das Mädchen pflegte seine Puppe aufopferungsvoll und die Eltern sorgten dafür, dass ein Puppendoktor alle Teile des zerstörten Spielzeugs wieder zusammenfügte.

Charlotte wurde das Lieblingsspielzeug von Denise. Sie hat sich in ihrem kurzen Leben nie davon getrennt. Nach ihrem Tod mit nur 18 Jahren haben mir ihre Eltern diese Puppe anvertraut, mir, ihrem Patenkind, das dazu noch den gleichen Namen wie ihre verstorbene Tochter bekommen hatte. Jetzt schläft die kleine Charlotte in einem von meinen Schlafzimmern – und ihr werdet es kaum glauben – aber manchmal streichele ich sie!“

elle était blessée, comme disait Denise. Celle-ci a soigné sa poupée avec dévouement et ses parents ont fait en sorte qu‘un « docteur » assemble à nouveau tous les morceaux du jouet détérioré.

Charlotte est devenue le jouet préféré de Denise, elle ne s‘en est plus séparée durant sa trop courte vie. Après sa mort à l'âge de 18 ans seulement, ses parents m'ont confié cette poupée, à moi sa filleule qui en porte le prénom. C'est dans l'une de mes chambres à coucher que dort maintenant la petite Charlotte – et vous me croirez si vous voulez – mais Charlotte, je la cajole de temps en temps ! »

11. Der Soldat und das Kind

Marianne sollte bald merken, dass sie mit ihrer Entscheidung, in Navarin zu bleiben, nicht nur wegen der dort ausbleibenden Bombenangriffe das bessere Los gezogen hatte.

Ihre Verwandten. die wegen ihrer Arbeit, Geschäfte oder anderer Verpflichtungen nach Paris zurückkehrten, spürten die Veränderungen durch die Besatzer bald am eigenen Leib, denn die Lebensmittelknappheit wirkte sich im großstädtischen Paris viel stärker aus als in der ländlichen Bretagne. Der Weg zu den Bauernhöfen in der Umgebung der französischen Hauptstadt war sehr weit und alle Ausfahrtsstraßen von und nach Paris wurden von den deutschen Truppen streng bewacht: Da konnte man sich nicht mal eben aufs Fahrrad schwingen, zu den Bauernhöfen radeln und dort dringend benötigte Nahrungsmittel gegen Wertgegenstände aller Art eintauschen! Schließlich war der Anteil an Gärten in der Mitte der Stadt so gering, dass eine Selbstversorgung mit Gemüse oder die Kleinviehhaltung für die meisten Stadtbewohner unmöglich war.

Schon kurz nach dem Einmarsch der deutschen Truppen in Paris erreichten Hilferufe der dortigen Verwandtschaft die Moizans in Bignan und Marianne in Navarin, dass ihre Verwandten in Paris Hunger leiden mussten. Fortan wurden während der gesamten Besatzungszeit Lebensmittelpakete zu den Pariser Verwandten geschickt – oder besser gesagt: geschmuggelt –, die mit Butter, Speck, Würsten oder eingemachtem Gemüse gefüllt waren.

Als im Januar und Februar 1943 Lorient stark bombardiert wurde, setzte eine Fluchtwelle der Zivilbevölkerung aus der belagerten Stadt ein. Da jedoch nicht nur die Bewohner von Lorient, sondern auch die von Gâvres in großer Gefahr schwebten, befahl der Bürgermeister allen Bewohnern von Gâvres, so schnell wie möglich ihre Häuser zu verlassen, nur das Notwendigste mitzunehmen und, wie ihre Nachbarn aus Lorient, in die Dörfer im Inneren der Bretagne zu fliehen.

11. Le soldat et l‘enfant

Marianne allait bientôt se rendre compte qu'elle avait tiré le meilleur sort en décidant de rester à Navarin, ce qui ne lui aura pas seulement permis d'être épargnée par les bombardements.

Les membres de sa famille qui étaient rentrés à Paris pour leur travail, leurs affaires ou d'autres obligations, ont bientôt ressenti dans leur propre chair les changements occasionnés par l'occupation, car la pénurie de ravitaillement s'est fait sentir dans la métropole parisienne bien plus que dans la campagne bretonne. Le trajet jusqu'aux fermes des alentours de la capitale française était très long, et les routes sortant de Paris et y menant étaient étroitement surveillées par les troupes allemandes : on ne pouvait pas tout simplement enfourcher son vélo et pédaler en direction d'une ferme pour y laisser des objets de valeur de toute sorte en échange de nourriture de première nécessité ! Et puis la proportion de jardins à Paris est si faible qu‘il est impossible pour la plupart des citadins de vivre en autarcie de leurs légumes ou de leur petit élevage.

Déjà peu de temps après l‘arrivée des troupes allemandes à Paris, les Moizan à Bignan et Marianne à Navarin sont appelés au secours par leur famille qui souffre de la faim. Et à partir de là on leur enverra – ou plutôt passera en contrebande – des paquets de ravitaillement contenant du beurre, du lard, des saucisses ou des conserves de légumes pendant tout le temps de l‘occupation.

En janvier et février 1943, Lorient se trouve être la cible de violents bombardements et la population civile se met à fuir la ville assiégée. Mais comme ce ne sont pas seulement les habitants de Lorient qui courent un grand risque, mais aussi ceux de Gâvres, le maire ordonne que tous les Gâvrais quittent leur maison le plus rapidement possible, qu‘ils n‘emportent que le strict nécessaire et qu‘ils se réfugient, comme leurs voisins de Lorient, à l‘intérieur de la Bretagne.

Locminé und seine Ortschaften in der Umgebung nahmen tausend dieser Kriegsflüchtlinge auf. In dem kleinen Bignan fanden ebenfalls mehrere Familien aus Gâvres eine Zuflucht, die in der Nachbarschaft des Hauses der Familie Moizan in zwei Häusern an der heutigen Rue Georges Cadoudal untergebracht wurden. Um diese Familien Padellec, Quer und Gallo kümmerte sich das ganze Dorf und jeder Bignaner – vom Kleinkind bis zum Greis – trug dazu bei, sie ein Jahr lang zu verpflegen, sie mit allem Nötigen zu versorgen und sie in ihre Gemeinschaft zu integrieren. Die ausgebombten Familien fühlten sich schon nach kurzer Zeit bei den Bignanern so wohl, dass sie Freundschaften schlossen, die nach dem Krieg – wie Denise schon auf unserem Ausflug nach Étel erzählt hatte – zu den Einladungen der Bignaner an die Küste führten.

Dabei war es für die Bignaner nicht leicht, auch noch die Kriegsflüchtlinge bei ihnen aufzunehmen, denn so viele Fremde gleichzeitig unterzubringen, stellte die Dörfler vor große Herausforderungen. In Bignan war schließlich auch noch eine größere Gruppe deutscher Soldaten stationiert, die in der Schule schräg gegenüber dem Haus der Familie Moizan untergebracht worden war: Da jedoch nicht alle Soldaten hier Platz fanden, wurden einige in den Wohnhäusern der Bignaner einquartiert. Sowohl die Soldaten als auch die Flüchtlinge mussten in der schon beschriebenen Art und Weise versorgt werden – und auch um die Pferde der deutschen Soldaten musste man sich kümmern und sie füttern. Wie gut, dass die Moizans auf Navarin zurückgreifen konnten, wo sie nicht nur Gemüse und Obst ernten konnten, sondern die Grasflächen auch eine ergiebige Menge Heu abgaben!

„Hattet ihr denn auch eine Einquartierung eines deutschen Soldaten?“, fragte ich Denise, nachdem wir aus Étel zurückgekommen waren und sie uns die beengten Wohnverhältnisse in ihrer Nachbarschaft durch die Flüchtlinge aus Gâvres im Jahre 1943 geschildert hatte.

„Das war zwar nicht der Fall, aber in unserem Nachbarhaus, das mir nun gehört und in dem wir uns gerade befinden, wohnte damals ein deutscher Soldat. Er hatte sein Zimmer im ersten

Locminé et les villages des alentours accueillent environ un millier de ces réfugiés. Plusieurs familles de Gâvres trouvent également asile dans le petit village de Bignan, elles sont hébergées dans deux maisons de l'actuelle rue Georges Cadoudal, non loin de la maison de la famille Moizan. Tout le village s'occupe de ces familles nommées Padellec, Quer et Gallo, et chacun – du tout-petit au vieillard – apporte sa contribution pour les ravitailler pendant un an, leur procurer le nécessaire et les intégrer dans leur communauté. Les familles sinistrées se sentent bientôt si bien chez les Bignanais qu'elles s'en font des amis ce qui les conduit – comme Denise l'a déjà raconté lors de notre excursion à Étel – à inviter les Bignanais sur la côte.

Pourtant ce n'est pas facile pour les Bignanais d'accueillir en plus des réfugiés chez eux, car c'est un vrai défi pour les villageois de loger autant d'étrangers à la fois. En effet un groupe de soldats allemands encore plus nombreux est stationné à Bignan, et occupe le bâtiment de l'école presqu'en face de la maison de la famille Moizan. Mais comme tous les soldats n'y ont pas trouvé place, on en a logés quelques-uns dans les demeures des Bignanais. Les soldats comme les réfugiés doivent être ravitaillés de la manière déjà décrite – et on doit aussi s'occuper des chevaux des soldats allemands et leur donner à manger. Heureusement que les Moizan peuvent se rabattre sur Navarin, où non seulement ils ont la possibilité de récolter fruits et légumes, mais où les prés fournissent également une quantité de foin non négligeable !

À notre retour d'Étel, après que Denise nous ait décrit comment ses voisins ont dû vivre si à l'étroit en 1943 à cause des réfugiés de Gâvres, je lui demande : « Est-ce que vous aviez aussi à loger un soldat allemand ? »

« En fait ce n'était pas le cas, mais un soldat allemand habitait bien dans la maison voisine de la nôtre, qui est la mienne maintenant, et dans laquelle nous nous trouvons. Sa chambre se trouvait

Stock und schlief in dem Zimmer, das heute mein eigenes Schlafzimmer ist“, antwortete sie.

Da klopfte es an der Tür und Maria kam herein, um mit uns zu essen.

Beim Abendessen wurde der Gesprächsfaden wiederaufgenommen. Ich wollte wissen, wie die Nachbarschaft mit den deutschen Soldaten das Dorfleben veränderte.

„Ja, das Zusammenleben war nicht immer leicht, vor allem als die Deutschen im letzten Besatzungsjahr immer mehr Razzien durchführten, um die Kämpfer der Résistance zu fangen!“, meinte Maria. „Meine Mutter erzählte mir, sie hätten mich, ein damals dreijähriges Kind, mit meiner gleichaltrigen besten Freundin Simone quasi Schmiere stehen lassen, wenn sie mal wieder etwas taten, was die Deutschen nicht mitbekommen sollten – wie zum Beispiel Pakete für unsere Pariser Verwandtschaft packen oder den Flüchtlingen aus Gâvres etwas zustecken, weil sie sich von dem Wenigen, was sie auf Lebensmittelkarten erhielten, nicht ernähren konnten.

Sie ließen Simone und mich dann immer draußen auf einem kleinen Granithügel vor dem Haus unserer Großmutter spielen. Meine Großmutter und meine Mutter ermahnten uns, ganz laut zu schreien und sofort ins Haus zu laufen, falls die Deutschen auftauchen sollten.

Kaum hatten wir Kinder das Klappern der Hufe von den Pferden der Soldaten gehört, schrien, nein, brüllten wir: „Ils arrivent, ils arrivent! („Sie kommen, sie kommen!“), doch bevor wir noch ins Haus laufen konnten, hatten die Soldaten schon unseren kleinen Granithügel erreicht und schimpften uns in einer unverständlichen Sprache aus, die in unseren Ohren hart und zornig klang. Maman erzählte mir, ich sei dann immer schreiend vor Angst ins Haus geflohen und hätte am ganzen Leib gezittert.“

„Mmm! Dabei erwähnte unsere Mutter doch oft, dass du einen der deutschen Soldaten im Nachbarhaus durchaus sympathisch fandest!“, sagte Denise darauf.

Maria nickte. „Das war auch so! Im Nachbarhaus wohnte der Heinz. Durch die Hintertür ist er fast jeden Abend zu uns gekom-

au premier étage, il dormait dans la chambre qui est maintenant ma propre chambre à coucher » répond-elle.

On frappe à la porte, et Maria entre pour venir manger avec nous.

Pendant le dîner on reprend le fil de la conversation. Je veux savoir comment la vie du village a été transformée par la cohabitation avec les soldats allemands.

« Oui, ce n'était pas toujours facile de vivre les uns à côté des autres, surtout que les Allemands ont multiplié les razzias pour prendre les combattants de la Résistance pendant la dernière année de l'occupation ! » dit Maria. « Ma mère m'a raconté qu'on nous a pratiquement fait faire le guet, moi une petite fille de trois ans à l'époque et Simone ma meilleure amie du même âge, quand ils faisaient de nouveau quelque chose que les Allemands devaient ignorer – par exemple des paquets pour notre famille de Paris, ou bien quand ils donnaient quelque chose aux réfugiés de Gâvres qui ne pouvaient pas se nourrir avec le peu que leur permettaient leurs cartes d'alimentation.

Ils nous faisaient alors toujours jouer dehors, Simone et moi, sur une petite butte de granit devant la maison de notre grand-mère. Ma mère et ma grand-mère nous avertissaient de crier bien fort et de rentrer aussitôt en courant à la maison si les Allemands débarquaient.

À peine entendions-nous, nous les enfants, le claquement de sabots des chevaux des soldats que nous nous mettions à crier, ou plutôt à hurler : « Ils arrivent, ils arrivent ! », mais avant que nous ayons pu nous sauver vers la maison, les soldats avaient déjà atteint la butte de granit et nous réprimandaient dans une langue incompréhensible qui sonnait dure et fâchée à nos oreilles. Maman m'a raconté que je me suis toujours réfugiée alors dans la maison en criant et en tremblant de peur.

« Hmm ! Et pourtant notre mère a souvent évoqué ta familiarité avec un des soldats allemands de la maison d'à côté, tu le trouvais sympathique ! » dit alors Denise.

Maria approuve de la tête. « Et c'est bien vrai ! Heinz habitait la maison d'à côté. Il venait chez nous presque tous les soirs par

men. Heinz konnte Französisch und hörte sich gemeinsam mit Vater heimlich die Radionachrichten von General de Gaulle aus England an, obwohl die Deutschen uns das doch streng verboten hatten! Dabei soll er immer wieder ungeduldig ausgerufen haben: ‚Wann, wann, wann wird denn dieser verdammte Krieg endlich aufhören!‘

Bei vielen Gelegenheiten hat er mich auf den Arm genommen, auf seinen Schoss gesetzt und mich hin und her wippen lassen. Und dann hat Heinz von seinem Zuhause in Deutschland erzählt. ‚Ach!‘, habe er geklagt, ‚ich habe eine Tochter, die genauso alt ist wie Maria und ich würde viel, viel lieber zu ihr zurückkehren, um mit ihr zu spielen, als euch hier zu quälen!‘ Papa und ich mochten den Heinz, doch nicht nur wir beiden, sondern auch Mama und Oma konnten ihn gut leiden, denn sie sollen ihm immer wieder Crèpes gebacken haben, die Heinz so gerne aß!“, schloss Maria ihre Erzählung ab.

Wir schwiegen einen Moment und mussten die Neuigkeiten, dass die Familie Moizan im Krieg einen deutschen Soldaten kannte, der ihnen freundschaftlich gesinnt war, erst einmal sacken lassen.

Schließlich ergriff Denise wieder das Wort.

„Ist das nicht interessant?“, rief sie. „Obwohl Maria erst drei Jahre alt war, konnte sie genau unterscheiden zwischen dem Besatzungssoldaten Heinz, der ihr mit seinen Drohungen Angst einflößte und dem Privatmenschen Heinz, den sie mochte, weil er sie liebte und ihr Freude bereiten wollte. Das kann doch nur bedeuten, dass man nicht alle deutschen Soldaten zu Barbaren, Bestien und Monstern degradieren sollte!“

„Mein Vater war kein Monster!“, protestierte ich. „Er könnte auch jener Heinz gewesen sein, der eigentlich den Franzosen nichts Böses antun wollte!“

Denise lächelte.

„Genau! Und deswegen erzählt meine Freundin Gabi, die in einem Bielefelder Gymnasium als Französischlehrerin arbeitet, jedes Jahr ihren Schülerinnen und Schülern diese Geschichte von Maria und dem deutschen Soldaten. Sie nimmt sie immer als Bei-

la porte de derrière. Heinz comprenait le français et il écoutait clandestinement, avec notre père, les nouvelles du général de Gaulle diffusées par la radio d'Angleterre, bien que les Allemands nous l'aient strictement interdit ! On dit que ce faisant il n'arrêtait pas de s'exclamer avec impatience : « Quand, mais quand cette maudite guerre va-t-elle finir à la fin ! «

Il m'a souvent prise dans ses bras, il m'a assise sur ses genoux et m'a fait me balancer de gauche à droite. Et puis Heinz a parlé de son foyer en Allemagne. « Ah » a-t-il soupiré, « j'ai aussi une fille qui a exactement le même âge que Maria, et vraiment j'aimerais mieux pouvoir rentrer jouer avec elle au lieu d'être là à vous harceler ! » Nous aimions bien Heinz, papa et moi, mais nous n'étions pas les seuls, maman et ma grand-mère aussi l'aimaient bien car elles lui faisaient toujours des crêpes, lui qui aimait tant en manger ! » dit Maria pour conclure son récit.

Nous nous taisons un moment, il nous faut d'abord digérer cette nouvelle : que la famille Moizan a connu pendant la guerre un soldat allemand qui voulait être leur ami.

Finalement Denise reprend la parole.

« Vous ne trouvez pas que c'est intéressant ? « s'écrie-t-elle. « Maria n'avait que trois ans à l'époque, mais elle était parfaitement capable de faire la distinction entre Heinz, le soldat et occupant qui lui faisait peur avec ses menaces, et Heinz en privé qu'elle aimait bien car il l'aimait lui aussi et voulait lui faire plaisir. Alors ça ne peut vouloir dire qu'une chose : on ne devrait pas réduire tous les soldats allemands à des barbares, à des bêtes sauvages ou à des monstres ! »

« Mon père n'était pas un monstre ! « dis-je en protestant. « Il aurait tout aussi bien pu être ce Heinz qui en fait ne voulait rien de mal aux Français ! »

Denise sourit.

« Exactement ! Et c'est pour ça que mon amie Gabi, qui est professeur de français dans un lycée de Bielefeld, raconte tous les ans à ses élèves l'histoire de Maria et du soldat allemand. Elle la prend toujours comme exemple pour expliquer aux jeu-

spiel, um den jungen Leuten klar zu machen, dass in der Uniform des Soldaten, der einer – wie und warum auch immer als Feind definierten Person – etwas Schlechtes antun muss, immer auch ein Mensch stecken kann, der den Feind lieber als Freund ansehen würde und ihm etwas Gutes tun würde!“

Gabi hatte dabei wahrscheinlich einen besonderen Menschen im Sinn: Ihren Vater Georg Nottelmann, der – wie mein Vater auch – zunächst als deutscher Soldat nach Frankreich ziehen musste, doch 1989, 49 Jahre danach, zum Begründer der deutsch-französischen Städtepartnerschaft zwischen Medebach und Locminé wurde. Von ihm werden wir in Kürze mehr erfahren!

nes que sous l'uniforme d'un soldat dont le devoir est de neutraliser une personne – définie comme ennemie pour une raison ou une autre – peut toujours se cacher un homme qui, s'il le pouvait, préfèrerait voir un ami dans un ennemi, et lui faire du bien ! »

Gabi pense alors sûrement à une personne en particulier : son père Georg Nottelmann qui – exactement comme mon père – avait dû partir en France en tant que soldat, mais en 1989, quarante neuf ans plus tard, avait été à l'origine du jumelage franco-allemand entre Medebach et Locminé. Nous allons bientôt en savoir plus sur lui !

12. Die Résistance

Das letzte Jahr vor der Befreiung war das schwierigste während der gesamten Besatzungszeit. Überall in Europa fühlten sich die Nazis in die Enge getrieben: Die militärischen Misserfolge in Russland, England und Südeuropa und der Eintritt der Supermacht USA in den europäischen Krieg mit der Bombardierung der deutschen Städte führten zu nervösen Überreaktionen der Nazis überall dort, wo sie zurückgedrängt oder besiegt wurden. Wie ein waidwundes Raubtier versuchten sie in einem letzten Aufbäumen gegen den drohenden Untergang so viele Menschen wie möglich mit sich in den Abgrund zu ziehen. Und auch die ländliche Bretagne bildete dabei keine Ausnahme.

Hier war es die Résistance, die den Besatzern überall zusetzte und den Weg für die Befreiung ebnete. Und der Organisator dieser Aktionen hieß Charles de Gaulle.

Der damals jüngste französische General war am 17. Juni 1940 mit einigen Getreuen nach London geflohen, nachdem die deutsche Wehrmacht am 14. Juni in Paris, am 17. in Rennes und am 18. in Pontivy einmarschiert war.

Als Marschall Pétain am 17. Juni ankündigte, einen Waffenstillstand mit den Besatzern auszuhandeln, war klar, dass dieser Akt einer kampflosen Übergabe gleichkam und Frankreich fortan dem deutschen Reich eingegliedert werden sollte.

Einen Tag später richtete Charles de Gaulle von England aus über Radio Londres einen flammenden Appell in französischer Sprache an seine Landsleute.

Jedes Kind in Frankreich kennt diesen Appell, der mit den Worten „À tous les Français! La France a perdu une bataille! Mais la France n'a pas perdu la guerre!“ (An alle Franzosen! Frankreich hat eine Schlacht verloren! Doch Frankreich hat nicht den Krieg verloren!“) beginnt. Und dann rief de Gaulle die Franzosen zum Kampf gegen den Feind auf, damit das Land seine Freiheit wiederfände.

12. La Résistance

La dernière année de la guerre avant la libération a été la plus dure de toute l'occupation. Partout en Europe, les nazis se sont sentis acculés : les défaites militaires en Russie, en Angleterre et dans le sud de l'Europe, et l'entrée en guerre de la superpuissance américaine sur le continent, avec les bombardements des villes allemandes, ont rendu nerveux les nazis et les a conduits à des réactions excessives partout où ils ont été repoussés ou vaincus. Comme un prédateur blessé par les chasseurs, ils ont essayé de se dresser dans un dernier soubresaut contre le naufrage menaçant en entraînant le plus grand monde possible dans l'abîme. La campagne bretonne ne faisait pas exception dans ce domaine.

Ici c'était la Résistance qui soumettait partout les occupants à dure épreuve et préparait la voie à la Libération. L'organisateur de ces actions s'appelait Charles de Gaulle.

À l'époque le plus jeune général de France, il s'était réfugié à Londres avec quelques fidèles après que l'armée allemande ait envahi Paris le 14 juin, Rennes le 17 et Pontivy le 18.

Quand le maréchal Pétain a annoncé le 17 juin qu'il allait négocier un armistice avec les occupants, il a été clair pour tout le monde que cela revenait à une reddition sans condition, et que la France serait dorénavant intégrée au Reich allemand.

Le jour suivant, Charles de Gaulle lance en français depuis l'Angleterre un appel vibrant à ses compatriotes sur Radio Londres.

Tous les Français connaissent cet appel qui commence par ces mots : « À tous les Français ! La France a perdu une bataille ! Mais la France n'a pas perdu la guerre ! » Ensuite de Gaulle appelle les Français au combat contre l'ennemi pour que le pays retrouve sa liberté.

Dieser Appell erreichte Locminé am Ende eines schönen Tages. Im „Hotel des Voyageurs“ hatten einige französische Offiziere und ihre Familien die Nacht verbracht – auch sie auf der Flucht vor den Invasoren, die schon in Rennes waren. Auf der Rue de Verdun vor dem Hotel vertraten sie sich die Beine und sprachen über die ernste Lage.

Unter den Reserveoffizieren befand sich auch Xavier de Gaulle, der ältere Bruder des Generals. Er hatte den Befehl erhalten, sich noch vor dem drohenden Einmarsch der Deutschen mit seiner Truppe aus Paimpont zu entfernen und mit seinen Männern die Flucht übers Meer nach England zu versuchen. Dass sich Xavier nun mit seiner zweiten Frau, ihren drei Kindern und seiner 84-jährigen schwerkranken Mutter Jeanne de Gaulle in Locminé befand, hatte einen guten Grund: Er wollte seine Lieben in die Obhut des Locminéer Pfarrers Le Naviel geben, der sich in seiner Abwesenheit um sie kümmern sollte.

Die Nachricht von der Rundfunkansprache seines Bruders erhielt Xavier de Gaulle von dem Priester, der mit wehender Soutane zu der traurigen Gruppe vor dem Hotel eilte und sie außer Atem ansprach: „Ich hörte gerade im Radio den Appell eines jungen französischen Generals aus London, der zur Fortführung des Kampfes gegen den Feind aufrief!“

„Wie hieß der Mann?“, fragte ihn darauf Xavier de Gaulle. „Mmm, es war wohl irgendein Untersekretär im Verteidigungsministerium ... irgendjemand mit Namen Charles de Gaulle!“ Die alte, schwarz gekleidete Dame in der Gruppe nahm daraufhin Le Naviel an die Seite und sagte leise zu ihm: „Aber Herr Pfarrer, der Charles de Gaulle, das ist ja mein Sohn!“

Kurz danach verließ eine Kolonne von Lastwagen Locminé. Das waren die Verbündeten der Franzosen, die Briten, die sich in aller Eile nach Brest flüchteten. Und einen Tag später, beim Einmarsch der Deutschen, wurden Xavier de Gaulle und die anderen französischen Reserveoffiziere gefangen genommen. Geneviève, seine Tochter, konnte mit dem Rest der Familie wieder nach Paimpont zurückkehren, wo ihre Großmutter einen Monat später starb.

Cet appel atteint Locminé au soir d'une belle journée. À l'hôtel des Voyageurs, quelques officiers Français ont passé la nuit avec leur famille – ayant fui eux aussi devant les envahisseurs qui sont déjà à Rennes. Rue de Verdun ils se dégourdissent les jambes devant l'hôtel en commentant le sérieux de la situation.

Parmi les officiers de réserve se trouve aussi Xavier de Gaulle, le frère aîné du général. Il a reçu l'ordre de s'éloigner de Paimpont avec ses troupes avant l'invasion imminente des Allemands, et de tenter de rejoindre l'Angleterre avec ses hommes par la mer. Si Xavier se trouve alors à Locminé avec sa deuxième femme, leurs trois enfants et sa mère de 84 ans gravement malade, c'est pour une bonne raison : il veut placer sa famille sous la protection du curé de Locminé, Le Naviel, qui doit s'occuper d'eux pendant son absence.

Xavier de Gaulle apprend la nouvelle du discours radiodiffusé de son frère par le curé qui, la soutane au vent, se hâte vers le groupe déprimé devant l'hôtel et les interpelle hors d'haleine : « Je viens d'entendre à la radio l'appel d'un jeune général de Londres qui incite à continuer le combat contre l'ennemi ! »

« Comment s'appelle cet homme ? » lui demande alors Xavier de Gaulle.

« Mmm, c'est un sous-secrétaire quelconque du ministère de la Défense... quelqu'un qui s'appelle Charles de Gaulle ! » La vieille dame en noir au milieu du groupe prend alors Le Naviel à part et lui dit à voix basse : « Mais monsieur le curé, Charles de Gaulle c'est mon fils ! »

Peu de temps après une colonne de camions quitte Locminé. Ce sont les Anglais, les alliés des Français, qui s'enfuient à toute vitesse en direction de Brest. Le jour suivant, à l'arrivée des Allemands, Xavier de Gaulle est fait prisonnier ainsi que les autres officiers de réserve français. Geneviève, sa fille, peut retourner à Paimpont avec le reste de la famille, sa grand-mère y décèdera un mois plus tard.

Schon kurz nach der Okkupation begannen die ersten Aktionen gegen die Besatzer und die ländliche Bretagne wurde wegen ihrer Größe und Abgeschiedenheit ein beliebtes Operationsgebiet des Widerstandes gegen die Besatzungstruppen. Dennoch blieb dieser in den ersten beiden Jahren noch auf wenige lokale Größen beschränkt. Erst 1942 nahm die Anzahl der Personen zu, die für die Befreiung Frankreichs bereit waren, notfalls ihr Leben zu opfern. Sie gingen „in den Maquis“, ein Ausdruck, der aus Korsika stammt und eigentlich „sich ins Gebüsch schlagen“, doch im übertragenem Sinne „fliehen, um der Rache der Autoritäten zu entkommen“, bedeutet. Überall entstanden nun *Maquis*, die sich auf die Vertreibung der Deutschen in ihrem Lande vorbereiteten und die Kollaborateure mit den Deutschen bestraften.

Unterschiedliche Gruppen am Boden der Bretagne kooperierten mit den Soldaten der Alliierten und ermöglichten die Ausrüstung einer FFI (Forces Françaises Intérieures = Französische Armee im Inneren von Frankreich) genannten Untergrundarmee, die sich gegen die deutschen Invasoren in vielfältiger Weise erheben sollte. So landeten immer wieder Fallschirmspringer aus England (oft Exilfranzosen) auf bretonischem Terrain, die technische Ausrüstung mit sich führten, mit der man Funk- oder Radargeräte zusammenbauen konnte.

Mit den Funkgeräten konnte man die alliierten Flugzeuge entweder zu einsamen Gegenden dirigieren, wo sie ihre Fallschirmspringer, Waffen und technischen Geräte abwerfen konnten; oder man lenkte sie über den französischen Luftraum zu Standorten, Truppenkontingenten und Depots der Deutschen, um diese mit Bombenabwürfen zu zerstören. Die Flugzeuge landeten oft in der Einsamkeit des ländlichen Raums, wo sie bei gezielten Aktionen wie der Hinrichtung von ranghohen deutschen Militärs oder bei der Exekution von Kollaborateuren eingesetzt wurden.

Eine häufig ausgeführte Strafe der Widerstandskämpfer gegen Kollaborateure war das Abbrennen der Höfe von Bauern, die sich mithilfe der Besatzungstruppen und auf Kosten ihrer Landsleute „unanständig“ bereichert hatten. Viele Kollaborateure mussten auch damit rechnen, dass ihnen die Widerstandskämpfer nachts

Dès le début de l'invasion, les premières actions contre l'occupant voient le jour. Grâce à sa taille et à son isolement, la Bretagne rurale se transforme en terrain d'opérations pour la Résistance contre les troupes d'occupation. Cependant celle-ci reste limitée à quelques rares personnalités locales les deux premières années. Ce n'est qu'en 1942 qu'augmente le nombre de personnes qui sont prêtes à donner leur vie en cas de besoin pour la libération de la France. Elles vont « prendre le maquis », une expression qui vient de Corse et signifie littéralement « se frayer un chemin dans les broussailles », mais au sens figuré « se sauver pour échapper aux représailles des autorités ». Il se forme partout des *maquis* qui se préparent à expulser les Allemands de leur pays et qui sanctionnent ceux de leurs compatriotes qui collaborent avec l'occupant.

Sur le sol de Bretagne, différents groupes de maquisards coopèrent avec les soldats alliés et rendent possible la constitution d'une armée clandestine, les FFI (Forces Françaises de l'Intérieur), qui doit se battre contre les envahisseurs allemands par toutes sortes de moyens. C'est ainsi que des parachutistes venus d'Angleterre (souvent des Français en exil) atterrissent sans relâche sur le sol breton, équipés de matériel permettant de monter des appareils radio ou des radars.

Les appareils radio servent à diriger les avions alliés vers des régions isolées où ils peuvent larguer leurs parachutistes, des armes et du matériel; ou bien on les guide dans l'espace aérien français vers les emplacements des contingents et des dépôts des Allemands pour les détruire par des lâchers de bombes. Les avions atterrissent souvent dans des lieux isolés de la campagne, où ils sont utilisés lors d'actions ciblées comme l'exécution de militaires allemands haut gradés ou celle de collaborateurs.

Une des sanctions fréquemment infligées par les résistants aux collaborateurs, c'est l'incendie des fermes des paysans qui se sont enrichis « d'une manière indécente » sur le dos de leurs concitoyens à l'aide des troupes d'occupation. De nombreux collaborateurs doivent également s'attendre à ce que les résistants

kleine Sargmodelle vor die Tür stellten, mit denen man sie als Sympathisanten der Besatzer brandmarkte und ihnen mit dem Tod drohte.

Die einheimischen und auswärtigen Widerstandskämpfer trafen sich meistens in einsam gelegenen Gehöften, Privathäusern oder Hinterzimmern von Bars, um ihre Pläne zu besprechen. Dabei wurden immer falsche Namen verwendet, mit denen auch scheinbar harmlos erscheinende Briefe unterschrieben wurden. So führte die Locminéer Widerstandskämpferin Annick Pizigot den Namen „Nickette". Eine für sie bestimmte Waffen- und Materiallieferung per Fallschirmabwurf wurde ihr über den britischen Radiosender BBC mit den Worten: „Anne, ma soeur, ne vois-tu rien venir?" (Anne, meine Schwester, siehst du nichts kommen?") angekündigt. „Anne" steht für die Bretagne[5], „meine Schwester" für die kleine Bretagne, die Schwester der großen (Großbritannien) – und der Rest erschloss sich von selbst, wenn man wusste, worum es ging.

Aber auch das „Hôtel des Voyageurs" mitten in Locminé spielte eine wichtige Rolle! Obwohl es von deutschen Soldaten als Quartier genutzt wurde, entwickelte sich hier – sozusagen unter den Augen des Feindes – ein Agentennest, in dem sich Funker, Fallschirmspringer und Agenten des von General de Gaule am 1. Juli gegründeten Spionagedienstes quasi die Klinke in die Hand gaben. Bei ihrer Arbeit im Verborgenen erhielten sie Hilfe von Albert Pizigot und seiner Frau – und vor allem von Annick Pizigot, ihrer Tochter. Sie sollte ihr Engagement für die Befreiung ihres Vaterlandes – wie so viele – mit dem Leben bezahlen.

Denn inzwischen hatte sich auch der Mikrokosmos dieser ländlichen Gegend in die Hölle verwandelt, die überall dort entstand, wo die Nazis ihre schrecklichste Waffe einsetzten: Ihre Ge-

---

[5] „Anne de Bretagne" – lebte von 1477 bis 1514 und war von 1489–91 sowie von 1498 bis 1514 Herzogin der Bretagne. Durch zwei Ehen mit den französischen Königen Karl VIII. und Ludwig XII. wurde sie Königin von Frankreich, wodurch die Bretagne ihre Selbstständigkeit verlor. Die Erinnerung an diese letzte Herzogin der Bretagne lebt in der Bretagne in Geschichten, Gedichten und Liedern bis heute fort.

déposent de nuit devant leur porte de petits cercueils, les désignant ainsi comme sympathisants des occupants et les menaçant de mort.

Les résistants locaux et ceux qui viennent de l'extérieur se rencontrent en général dans des fermes isolées, des habitations privées ou des arrière-salles de bar pour élaborer leurs projets. On utilise toujours des pseudonymes, dont on se sert aussi pour signer des lettres apparemment inoffensives. C'est ainsi que la résistante Annick Pizigot de Locminé porte le nom de « Nickette ». Quand une livraison d'armes et de matériel par parachutage lui est destinée, elle lui est annoncée par la station de radio anglaise BBC par ces mots : « Anne, ma sœur, ne vois-tu rien venir ? ». – « Anne » représente la Bretagne[5], « ma sœur » représente la petite Bretagne, la sœur de la « Grande Bretagne » – et le reste se déduit de soi-même quand on sait de quoi il s'agit.

Mais l'hôtel des Voyageurs, au centre de Locminé, va aussi avoir un rôle important à jouer ! Bien qu'il serve de logement aux soldats allemands, il s'y construit – pour ainsi dire sous les yeux de l'ennemi – un nid d'agents secrets au sein duquel se passent quasiment le relais opérateurs radio, parachutistes et agents du service français d'espionnage constitué par le général de Gaulle le 1er juillet. Dans leur travail clandestin ils reçoivent l'aide d'Albert Pizigot et de sa femme – et surtout de leur fille Annick Pizigot. Celle-ci – comme tant d'autres – paiera de sa vie son engagement pour la libération de sa patrie.

Car entretemps le microcosme qu'est cette région rurale s'est transformé en enfer, comme cela se passe partout où les nazis utilisent leur arme la plus terrible : leur police secrète ! En France

---

[5] « Anne de Bretagne » – A vécu de 1477 à 1514 et a été de 1489 à 1491 et de 1498 à sa mort duchesse de Bretagne. Par ses deux mariages avec les rois de France Charles VIII et Louis XII, elle a été reine de France, ce qui a fait perdre à la Bretagne son indépendance. Le souvenir de cette dernière duchesse de Bretagne reste vivant jusqu'à aujourd'hui dans les contes, les poèmes et les chansons.

heimpolizei! In Frankreich trug sie den Namen SIPO-SD (Sicherheitspolizei und Sicherheitsdienst), doch meistens wurde sie nur als SD bezeichnet. Unterstützt vom bretonischen Waffenverband der SS – genannt Bezen Perrot – machte sich in der Bretagne Leutnant Werner Anton Goy daran, die Widerstandskämpfer unerbittlich zu jagen!

In Locminé ließ er in der Mädchenschule, dem Hauptquartier der deutschen Besatzungstruppen, die gefassten Widerstandskämpfer in grausamster Art und Weise foltern, um sie zu Geständnissen über ihre Mitkämpfer und Unterstützer, ihre geheimen Waffen- und Materialdepots und ihre Kommunikation mit den feindlichen Alliierten zu zwingen.

Gerade in den letzten Wochen und Tagen vor der Befreiung durch die Amerikaner verschwanden viele junge Männer aus Locminé und Umgebung in den Gefängnissen der umgebenden Städte. Meistens hatten die Familien dieser Gefangenen keine Ahnung, wo sich ihre Söhne, Väter, Ehemänner aufhielten. Ihre Ungewissheit sollte erst 1945, kurz vor Ende des Krieges, durch einen grausamen Fund beendet werden: In einem geheimen Versteck, in einer unterirdischen Höhle des Fort Penthièvre, wurden die Leichen von 52 Widerstandskämpfern entdeckt, von denen 25 aus Locminé stammten!

8000 Menschen gaben in Locminé am 5. Juni 1945 den so grausam ums Leben gekommenen jungen Männern das letzte Geleit. Ihre mit der Tricolore geschmückten Särge standen auf dem Plaine und wurden von Soldaten der „Französischen Streitkräfte im Innern“ (FFI) zum Friedhof getragen. In einem Massengrab auf dem Friedhof von Locminé sind die 25 Märtyrer, wie sie seither genannt werden, beigesetzt worden.

Julien le Roy, der ehemalige Bürgermeister von Locminé, sagte in seiner bewegenden Rede: „Nos martyrs étaient unis. Restons unis et n'ayons comme eux un but: l'amour de la patrie!“ („Unsere Märtyrer sind vereint. Lasst uns einig sein und wie sie ein Ziel haben: Die Liebe zu unserem Vaterland!“)

Und sein Nachfolger Yves Kerrand forderte die Locminois auf, sich vor ihnen zu verbeugen, „parce qu'ils surent préférer la mort

elle porte le nom de SIPO-SD (Sicherheitspolizei und Sicherheitsdienst, police de la Sûreté et service de la Sûreté, service de renseignements de la SS) mais la plupart du temps on la désigne seulement par le SD. Soutenu par la Formation Perrot (unité paramilitaire nationaliste bretonne intégrée dans le SD) – en breton Bezen Perrot – le lieutenant Werner Anton Goy s'attelle à la tâche de pourchasser les résistants, sans pitié !

À Locminé, dans les locaux de l'école de filles, le quartier général des troupes d'occupation allemandes, il fait torturer de la manière la plus horrible les résistants raflés pour leur faire avouer leurs complices et leurs partisans, leurs dépôts d'armes et de matériel secrets, et leurs communications avec les alliés ennemis.

Justement pendant les dernières semaines et les derniers jours avant la libération par les Américains, de nombreux jeunes gens de Locminé et des environs disparaissent dans les prisons des villes voisines. La plupart du temps, les familles de ces prisonniers n'ont aucune idée où leurs fils, leurs pères ou leurs maris peuvent bien se trouver. Leur ignorance ne prend fin qu'en 1945, peu avant la fin de la guerre, grâce à une découverte macabre : dans une cache secrète, une caverne du Fort Penthièvre, on retrouve les corps de 52 résistants, dont 25 de Locminé !

Le 5 juin 1945, 8 000 personnes suivent le cortège funèbre de ces jeunes gens qui ont trouvé une mort si cruelle. Leurs cercueils ornés du drapeau tricolore sont déposés sur la Plaine et portés ensuite au cimetière par des membres des « Forces Françaises de l'Intérieur » (FFI). Les 25 martyrs, comme on les appelle depuis, sont enterrés dans une fosse commune au cimetière de Locminé.

Julien le Roy, l'ancien maire de Locminé, tient un émouvant discours dans lequel il dit : « Nos martyrs étaient unis. Restons unis et n'ayons comme eux qu'un but : l'amour de la patrie ! »

Et son successeur Yves Kerrand pousse les Locminois à se prosterner devant eux « parce qu'ils surent préférer la mort à la trahison. »

à la trahison." („denn sie zogen den sicheren Tod dem Verrat vor!").

Der 3.500 Jahre alte Menhir von Moustoir-Ac erinnert bis heute am Place des Martyrs de-la-Résistance an diese grauenvolle Tat und seine Opfer und garantiert, dass sie nie vergessen werden.

Auch in Locminé hatte es sich Anfang August 1944 bei den deutschen Besatzern herumgesprochen, dass die Amerikaner, aus der Normandie anrückend, auf dem Vormarsch waren und nach und nach alle kleinen Orte auf ihrer Route befreit hatten. Am 3. August setzte ein deutscher Soldat das Gerücht in die Welt, dass die Amerikaner bereits Bignan befreit hätten. Es sollte eine kopflose Flucht der deutschen Garnison auslösen, die teilweise zu Fuß, teilweise mit dem Fahrrad das Städtchen Locminé verließ.

Ein Fahrzeug der Deutschen kehrte noch einmal zurück, denn ein Offizier hatte Dokumente im Hotel des Voyageurs vergessen. Noch bevor sein Auto Locminé endgültig verließ, hatte die FFI damit begonnen, die französischen Flaggen in den Fenstern zu hissen.

Am 4. August flatterten die Fahnen überall in der kleinen Stadt, am Rathaus, an der Post, am Turm der Kirche, am Bahnhof und aus den Fenstern der Wohnungen und Geschäfte. In Locminé formierten sich die eigenen Truppen der sich überall im Land etablierenden FFI, die nach Pontivy eilten, um den Amerikanern beizustehen. Am 6. August 1944 rückten die Amerikaner aus Bignan kommend in Locminé ein. Der General John Wood ließ seinen Jeep vor dem Hotel der Pizigots halten, um einige Informationen über die Position der Deutschen zu erhalten. Wie schon in Bignan wurden er und seine Soldaten begeistert von den Locminéern gefeiert, bevor die Konvois der Amerikaner in Richtung Baud weiterfuhren.

Die ehemaligen Partisanen der Résistance übernahmen nun das Zepter und die deutschen Soldaten wurden die Gejagten. Der Oberfeldwebel Tamm Arno, der nach Aussage vieler Zeugen die Folterung von Widerstandskämpfern in der Locminéer Mädchenschule veranlasst hatte, wurde schon am 5. August 1944 in Baud verhaftet und in ein Kriegsgefangenenlager nach Rennes ge-

Sur la place des Martyrs-de-la-Résistance, le menhir de Moustoir-Ac, vieux de 3 500 ans, rappelle encore aujourd'hui cet acte barbare et ses victimes, et doit contribuer à ce qu'on ne les oublie pas.

À Locminé aussi, en ce début août 1944, la nouvelle se propage parmi les occupants allemands que les Américains venant de Normandie progressent, libérant peu à peu tous les villages se trouvant sur leur route. Le 3 août, un soldat allemand lance la rumeur que les Américains ont déjà libéré Bignan. Ce qui déclenche la fuite désordonnée de la garnison allemande, qui abandonne la petite ville de Locminé, que ce soit à pied ou en vélo.

Un véhicule de l'armée allemande revient encore une fois, car un officier a oublié des documents à l'hôtel des Voyageurs. Mais les FFI commencent à hisser les drapeaux français aux fenêtres avant que sa voiture ne quitte définitivement Locminé.

Le 4 août, les drapeaux flottent partout dans la ville, à la mairie, à la poste, au clocher de l'église, à la gare et aux fenêtres des logements et des magasins. Les FFI s'établissant dans tout le pays, des troupes locales se forment à Locminé et se dépêchent d'aller à Pontivy pour aider les Américains. Le 6 août 1944 les Américains venant de Bignan entrent dans Locminé. Le général John Wood fait arrêter sa jeep devant l'hôtel Pizigot pour obtenir des informations sur la position des Allemands. Comme déjà à Bignan, lui et ses soldats sont accueillis avec enthousiasme par les Locminois, avant que les convois des Américains ne continuent leur route vers Baud.

Ce sont les anciens partisans de la Résistance qui reprennent maintenant le pouvoir, et les soldats allemands qui sont les pourchassés. Le sergent de peloton Tamm Arno, qui d'après la déposition de nombreux témoins a ordonné que les résistants soient soumis à la torture dans l'école de filles de Locminé, est arrêté dès le 5 août 1944 et emmené dans un camp de prisonniers à Rennes.

bracht. Doch auch seine Männer wurden aufgegriffen und den Amerikanern übergeben. Zahlreiche dieser deutschen Soldaten konnten nun selbst mit den von ihnen errichteten Kerkern Bekanntschaft machen, kamen in Kriegsgefangenenlager, mussten hart arbeiten, um die von ihnen angerichteten Schäden zu beseitigen, oder wurden standrechtlich erschossen.

Kurz nachdem die sechsjährige Maria vor den Amerikanern herlief, um ihre Bonbons aufzufangen – und die Befreier gemeinsam mit der gesamten Bevölkerung von Bignan singend und jubelnd bis zum Café „Le Dernier Sou" („Zum letzten Heller") auf der Straße nach Colpo zu begleiten, hatte auch die Pariser Verwandtschaft Navarin verlassen und war nach Paris zurückgekehrt. Hier erlebten Marianne, ihr Mann und ihre beiden Kinder Yvonne und Albert am 26. August 1944 den Triumphzug der Truppen von General Leclerc und von General de Gaulle, die als Befreier gefeiert wurden.

Auf dem Platz vor dem Rathaus stand die wieder vereinigte Familie in der Menge und hörte die Rede von General de Gaulle, die mit den berühmten Worten begann: „Paris outragé! Paris brisé! Paris martyrisé! Mais Paris libéré!" („Paris wurde beleidigt! Paris wurde gebrochen! Paris wurde gequält! Doch Paris wurde befreit!")

Mais on intercepte aussi ses hommes, que l'on remet auxAméricains. Nombre de ces soldats allemands vont alors faire par eux-mêmes connaissance des cachots qu'ils ont érigés, ils se retrouvent dans des camps de prisonniers, doivent travailler très dur pour réparer les dommages qu'ils ont occasionnés, ou font l'objet d'exécutions sommaires.

Peu de temps après que la petite Maria de six ans soit accourue au-devant des Américains pour attraper au vol leurs bonbons – et accompagner, avec pratiquement toute la population de Bignan en liesse, les libérateurs jusqu'au café « le Dernier Sou » sur la route de Colpo – la famille parisienne a quitté Navarin et est retournée à Paris. Le 26 août 1944, Marianne assiste avec son mari et ses deux enfants Yvonne et Albert au défilé triomphal des troupes du général Leclerc et du général de Gaulle, qui sont accueillis en libérateurs.

Sur la place devant la mairie la famille à nouveau réunie se retrouve dans la foule, et écoute le discours du général de Gaulle qui commence par ces mots célèbres : « Paris outragé ! Paris brisé ! Paris martyrisé ! Mais Paris libéré ! »

13. Ein Traum wird wahr

Wie viel Hass musste sich in der Locminéer Bevölkerung gegen meine Landsleute aufgestaut haben? Wie kann man so viele Verwundungen der Seele heilen, so viel begangenes Unrecht wiedergutmachen, wie kann man erwarten, dass je so etwas wie Vergebung möglich ist, wenn die Grausamkeiten, die vielen Locminéern und ihren Familien angetan wurden, das Maß des Vorstellbaren überschreitet?

Eine lange Zeit sah es so aus, als ob Locminé niemals bereit sein würde, seinen ehemaligen Peinigern und deren Nachfahren die Hand auszustrecken. Während die meisten deutschen Städte nach und nach freundschaftliche Beziehungen mit französischen aufnahmen, die in Städtepartnerschaften mündeten, fügte sich die kleine Stadt nicht in die Reihe derjenigen ein, die mit Schildern am Ortseingang stolz auf eine neue Verbindung hinwiesen.

Doch dann geschah an einem Tag im Sommer 1975 ein kleines Wunder, das zunächst keiner als solches wahrnahm.

Was war geschehen?

Simone Guilloux, Lehrerin an der Grundschule St. Joseph in Bignan, hatte schon des Öfteren sogenannte „Colonies de Vacances“, Ferienfreizeiten, für bretonische Kinder in den französischen Sommerferien organisiert. Bei deren Durchführung halfen ihr jeweils zwanzig erwachsene Betreuerinnen und Betreuer, zu denen auch Denise Moizan gehörte.

Zuerst führten diese Ferienfreizeiten stets an die bretonische Küste – zum Beispiel nach Saint Gildas auf die Halbinsel Rhuys oder in die Ferienorte Erdeven und Étel am Atlantik. Doch später wurden auch entlegenere Ziele in ganz Frankreich dafür ausgewählt.

Als Simone am Ende der Sommerferien im Jahre 1974 von einer dieser Ferienfreizeiten zurückkehrte, erhielt sie überraschend Besuch von Pfarrer Heitz. Der war ihr schon bekannt, da er während seiner Sommerferien in der Kapelle von Locuan Mes-

13. Un rêve devient réalité

Comme la haine a dû s'accumuler dans la population de Locminé contre mes compatriotes ! Comment pourra-t-on jamais guérir les âmes blessées, comment réparer tant d'injustices, comment s'attendre à un semblant de pardon, quand les cruautés qu'on a fait subir à tant de Locminois et à leurs familles ont dépassé le seuil de ce qu'on peut imaginer ?

Longtemps il a semblé que Locminé ne serait jamais capable de tendre la main à ses bourreaux d'antan ni à leurs descendants. Alors que la plupart des villes allemandes amorcent peu à peu des relations amicales avec des villes françaises, relations qui aboutissent à un jumelage, cette petite ville ne se retrouve pas sur la liste de celles qui témoignent avec fierté de leurs nouveaux liens sur leurs panneaux d'entrée.

Et pourtant, un beau jour d'été de 1975, se produit un petit miracle, que d'abord personne ne reconnaît comme tel.

Que s'est-il passé ?

Simone Guilloux, institutrice de l'école primaire Saint Joseph de Bignan, a déjà souvent organisé des colonies de vacances en été pour les enfants bretons. Pour les encadrer, elle est aidée par environ vingt adultes, parmi lesquels Denise Moizan.

Au début les colonies de vacances ont toujours lieu sur la côte bretonne – par exemple à Saint Gildas sur la presqu'île de Rhuys ou dans les stations touristiques d'Erdeven et d'Étel sur la côte atlantique. Mais par la suite on a également choisi des destinations plus lointaines, dans tout l'hexagone.

Lorsqu'en été 1974, à la fin des vacances, Simone revient d'une de ces colonies, elle reçoit la visite surprise du Père Heitz. Il n'est pas un inconnu pour elle, car pendant les vacances il dit la messe dans la chapelle de Locuan où Simone joue de l'orgue.

sen zelebrierte, zu der Simone die Orgel spielte. Daher wusste sie, dass der Père Heitz aus dem Elsass stammte und fließend Deutsch sprach.

Heitz eröffnete ihr, dass er von seiner Diozöse Paderborn mit der Aufgabe eines Geistlichen für das deutsch-französische Jugendwerk betraut worden war. Und dann fragte er Simone, ob sie sich vorstellen könnte, ihre nächste Ferienfreizeit in Deutschland stattfinden zu lassen.

Überrascht antwortete Simone: „Warum nicht!"

Nachdem er im Herbst nach Deutschland zurückgekehrt war, begab sich Père Heitz gleich auf die Suche und fand schon bald ein geeignetes Quartier für die bretonischen Kinder: in der Schützenhalle von Lendringsen bei Menden. Simone ließ sich bei ihrem Besuch in Lendringsen von den Vorteilen dieses Ziels überzeugen. Sie war sehr erfreut, als ihr der örtliche Schützenverein[6] in Aussicht stellte, die Schützenhalle bis zum Sommer 1975 zu renovieren, damit sich die Kinder und ihre Begleiter dort noch wohler fühlen konnten. Bald darauf wurden hundert Kinder aus Locminé und der Umgebung der Stadt von ihren Eltern für diese Ferienfreizeit im Sommer 1975 angemeldet.

Doch als der Termin dafür immer näher rückte, war klar, dass die Renovierungsarbeiten in Lendringsen nicht rechtzeitig abgeschlossen sein würden. Bei einer Schützenversammlung rich-

---

[6] Verein für die Männer eines Dorfes oder einer kleinen Stadt vor allem in den ländlichen Regionen von Deutschland. Im Mittelalter mussten die Schützen die Bevölkerung gegen die Beutezüge von Räubern schützen, dafür übten die Männer des Ortes regelmäßig das Schießen. Heute feiern sie Feste, an denen die gesamte Bevölkerung teilnimmt, in ihrem jeweiligen Ort bzw. in den Nachbarorten. Die Schützenfeste beginnen meistens mit einer feierlichen Messe in der Hauptkirche des Ortes, einer Parade, in der die Schützen in ihren besonderen Uniformen durch den Ort ziehen, einem Freiluftkonzert sowie mit einem Bierfest. Sie enden nach drei Tagen mit dem Vogelschießen, bei dem derjenige Schütze, der den hölzernen Vogel von einer Stange schießt, zum neuen Schützenkönig des Ortes erklärt wird. Mit seiner Königin und deren Hofstaat repräsentiert er den Ort für ein Jahr.

C'est pour cela qu'elle sait qu'il est originaire d'Alsace et qu'il parle l'allemand couramment.

Le Père Heitz lui apprend qu'il est chargé par son diocèse de Paderborn de remplir le poste de père spirituel des Jeunesses franco-allemandes. Puis il demande à Simone si elle peut s'imaginer de faire en sorte que sa prochaine colonie de vacances ait lieu en Allemagne.

Interloquée, elle répond : « Pourquoi pas ! »

Après être retourné en Allemagne en automne, le Père Heitz se met tout de suite à la recherche d'un hébergement approprié pour les enfants bretons, et il le trouve bientôt : la Schützenhalle de Lendringsen près de Menden. Lors de sa visite à Lendringsen, Simone se laisse volontiers persuader des avantages de cette destination. Elle est ravie lorsque l'association locale Schützenverein[6] lui propose de faire rénover la Schützenhalle d'ici l'été 1975 pour que les enfants et leurs accompagnateurs s'y sentent encore mieux. Peu de temps après, une centaine d'enfants de Locminé et des environs sont inscrits par leurs parents à la colonie de l'été 1975.

Mais alors que la date se rapproche de plus en plus, il devient évident que les travaux de rénovation à Lendringsen ne seraient

---

[6] Association qui rassemble les hommes d'un village ou d'une ville, véritable institution en Allemagne surtout à la campagne. Au Moyen-Âge, les „Schützen“ étaient des habitants qui se réunissaient pour se défendre (schützen = défendre, protéger) contre les pillages de bandes en maraude, une sorte de garde civile avec exercices - de tir par exemple (der Schütze = le tireur ou l'archer), festivités et défilés auxquels on invitait aussi des membres de communautés voisines et des représentants de la cité. Au 19e siècle, on a recréé des associations sur ces racines traditionnelles. Elles organisent de grandes fêtes populaires („Schützenfeste“) avec messe solennelle, cortèges, défilés de „Schützen“ en uniforme venus aussi des alentours, fanfares et fête de la bière dans la „Schützenhalle“ (salle des fêtes des „Schützen“). Le concours de tir, dans lequel les hommes de l'association se mesurent à la carabine ou à l'arbalète, en est le point culminant. Celui qui fait tomber l'oiseau, un aigle en bois sculpté, est le nouveau roi. Avec sa reine et sa cour d'honneur il représentera son village dans toutes les fêtes environnantes pendant un an.

tete der Verein deshalb einen Appell an andere, mit ihm befreundete westfälische Schützenvereine, um ein neues Quartier für die bretonischen Kinder zu finden. Und bei dieser Versammlung erhob sich Bernhard Arens vom Schützenverein Medebach und sagte: „Die Kinder können zu uns kommen, wir können sie aufnehmen.“

Gesagt, getan! Nachdem Simone mit den Köchinnen einige Tage früher nach Medebach aufgebrochen war, kamen die beiden voll besetzten Busse aus der Bretagne schließlich dort an und die Ferienfreizeit konnte beginnen.

In den ersten Tagen besuchten die Kinder und ihre zwanzig Betreuer die Nachbarstadt Winterberg mit ihrer Sprungschanze, den höchsten Berg des Sauerlandes, den Kahlen Asten, und den Vergnügungspark Fort Fun. Ihre Ferienfreizeit schien sich zunächst in nichts von den anderen Ferienfreizeiten zu unterscheiden, sie fand nur in einem anderen Land statt.

Ja, bis sich einige Tage später alles ändern sollte!

Die Medebacher Schützenhalle, in der die Kinder wohnten, stand in der Nähe der Hauptschule. Ihr damaliger Direktor hieß Georg Nottelmann. Er war im Zweiten Weltkrieg in Frankreich gefangen genommen und in ein Kriegsgefangenenlager ins Pas-de-Calais gebracht worden, wo er als Kriegsgefangener Nr. 92 in den Minen schuften musste. Da er Französisch sprechen konnte, wurde er während dieser Zeit immer wieder als Dolmetscher für seine Kameraden zu Rate gezogen.

Drei Jahrzehnte später führte Georg Nottelmann gerade eine seiner Schulklassen zum Sportplatz, als er einer Gruppe Kinder begegnete, die Französisch sprachen. Er glaubte zuerst, seinen Ohren nicht zu trauen, doch dann sprach er die Kinder an und sie erzählten ihm von ihrem Aufenthalt in der Schützenhalle. Am Abend des gleichen Tages ging Georg Nottelmann zur Schützenhalle und stellte sich dort den Betreuerinnen und Betreuern sowie den französischen Kindern vor. Dann lud er alle Franzosen ein, am nächsten Morgen in die Hauptschule zu kommen, um seine deutschen Schülerinnen und Schüler kennenzulernen, die noch keine Ferien hatten.

pas achevés en temps voulu. Lors d'une réunion, l'association des Schützen lance un appel aux autres associations de Schützen de Westphalie qui lui sont liées pour trouver un lieu d'hébergement de remplacement pour les enfants bretons. À cette réunion se trouve Bernhard Arens de l'association des Schützen de Medebach, il se lève et annonce : «Ils peuvent venir chez nous, nous sommes en mesure d'accueillir ces enfants.»

Aussitôt dit, aussitôt fait ! Après que Simone et les cuisinières aient pris le départ pour Medebach quelques jours plus tôt, les deux cars de Bretagne, pleins à craquer, y arrivent eux aussi et la colonie peut démarrer.

Les premiers jours, les enfants et leurs vingt accompagnateurs vont visiter Winterberg, la ville voisine, avec son tremplin de saut à ski, vont sur l'un des plus hauts sommets du Sauerland, le Kahler Asten, ou découvrent le parc d'attractions Fort Fun. Leur colonie de vacances ressemble d'abord tout à fait aux colonies de vacances habituelles, sauf qu'elle se trouve à l'étranger.

Jusqu'à ce que, quelques jours plus tard, tout change !

La Schützenhalle de Medebach où sont hébergés les enfants se trouve à côté de la Hauptschule (collège) dont le directeur de l'époque s'appelle Georg Nottelmann. Pendant la seconde guerre mondiale, il est fait prisonnier en France, est transféré dans un camp de prisonniers dans le Pas-de-Calais, où sous le n° 92 il doit travailler dur dans les mines. Comme il sait parler le français, on fait toujours appel à lui en ce temps-là comme interprète pour ses camarades.

Trente ans plus tard, Georg Nottelmann mène justement une de ses classes au terrain de sport, quand il rencontre un groupe d'enfants en train de parler en français. D'abord il n'en croit pas ses oreilles, mais il les aborde quand même et les enfants lui racontent leur séjour dans la Schützenhalle. Le soir même Georg Nottelmann se rend à la Schützenhalle et se présente aux enfants français et à leurs accompagnateurs. Puis il invite tous les Français à venir dès le lendemain matin à la Hauptschule pour faire la connaissance de ses élèves, qui eux ne se trouvent pas encore en vacances.

Doch bei diesen Treffen, in denen die deutschen und französischen Kinder und Jugendlichen gemeinsam musizierten, miteinander Fußball spielten und sich gegenseitig die ersten Wörter der jeweils anderen Sprache beibrachten, blieb es nicht. Georg Nottelmann bat vielmehr den Medebacher Pfarrer von St. Peter und Paul, am Sonntag von der Kanzel eine Aufforderung an die Medebacher Familien zu richten, jeweils ein französisches Kind einzuladen, um ihm einen schönen Tag zu bereiten.

Pastor Ottos Aufruf sorgte dafür, dass alle hundert Kinder und ihre Betreuerinnen und Betreuer im Juli 1975 erstmalig mit Medebacher Familien Kontakt bekamen und gastfreundlich von ihnen aufgenommen wurden. Nach dem schönen Tag kamen sowohl die Kinder als auch ihre Begleiter(innen) voller Freude über das Erlebte in die Schützenhalle zurück.

Das sollten die ersten Schritte auf dem Weg zu einer Städtepartnerschaft sein!

Weil es den Franzosen in Medebach so gut gefiel, wurden dort von 1975 bis 1980 weitere Ferienfreizeiten durchgeführt und die Freundschaft zwischen den Medebacher Familien und den Franzosen weiter vertieft. Denise, die Medebach dank der Ferienfreizeiten kennen und lieben gelernt hatte, freundete sich mit der Familie von Georg Nottelmann an und lebte während ihrer zahlreichen Aufenthalte fortan bei dieser Familie im Rotdornweg.

Alle waren traurig, als nach fünf Jahren die Ferienfreizeiten von Simone in Medebach zu Ende gingen. Doch die Freundschaft zwischen den Jugendlichen aus Locminé und denen aus Medebach hörte damit nicht auf.

1983 wurde in der Schule von Denise, dem Collège Jean-Pierre Calloc'h, Deutsch als zweite Fremdsprache eingeführt. Die junge Lehrerin Dominique Guégan aus Pluvigner übernahm den Deutschunterricht und bat ihre Kollegin und Freundin Denise Moizan, ihr bei der Einrichtung eines Schulaustauschs zwischen einer deutschen und einer französischen Schule zu helfen. Denise wandte sich diesbezüglich an Georg Nottelmann, den „Georges des Français" (Der Georg der Franzosen), wie er nur noch genannt wurde. Dieser richtete einen Appell an die Eltern seiner

Et cela n'en reste pas à cette première rencontre, pendant laquelle les enfants allemands et français font de la musique ensemble, jouent au foot et se font apprendre réciproquement les premiers mots de leur langue respective. Au contraire, Georg Nottelmann demande au curé de la paroisse St. Pierre-et-Paul de Medebach, de faire une annonce du haut de la chaire pendant la messe du dimanche : que les familles de Medebach invitent chacune un enfant français pour lui permettre de passer une belle journée.

La conséquence de l'appel de l'abbé Otto, c'est qu'une centaine d'enfants avec leurs accompagnateurs entrent en contact pour la première fois en juillet 1975 avec des familles de Medebach, qui les accueillent avec hospitalité. Après avoir vécu cette belle journée, les enfants tout comme les accompagnateurs retournent à la Schützenhalle enchantés de leur expérience.

Ce devaient être les premiers pas sur le chemin qui a conduit au jumelage ! Comme les Français se sont si bien plus à Medebach, d'autres colonies vont suivre de 1975 à 1980, et l'amitié entre les familles de Medebach et les Français va en s'approfondissant. Denise, qui a fait la connaissance de Medebach grâce à la colonie de vacances et a appris à l'aimer, se lie d'amitié avec la famille de Georg Nottelmann, et est hébergée à partir de maintenant dans le Rotdornweg à chacun de ses nombreux séjours.

Lorsqu'au bout de cinq ans les colonies de Simone à Medebach prennent fin, tout le monde est triste. Mais l'amitié entre les jeunes de Locminé et ceux de Medebach ne prend pas fin pour autant.

En 1983 on introduit à l'école de Denise, le Collège Jean-Pierre Calloc'h, l'allemand comme deuxième langue. La jeune professeur Dominique Guégan de Pluvigner est chargée du cours et demande à sa collègue et amie Denise Moizan si elle ne veut pas l'aider à organiser un échange scolaire entre une école française et une école allemande. Denise accepte volontiers, et se retrouve jouer un rôle moteur dans cet échange à côté de Dominique. Elle se tourne

Schülerinnen und Schüler, französische Schüler während dieser längeren Zeit bei sich aufzunehmen – und war erfreut über die positive Resonanz.

Damit begann ein neues Kapitel in der deutsch-französischen Freundschaft zwischen Locminé und Medebach: Seitdem funktioniert der Schulaustausch zwischen dem Collège Jean-Pierre Calloc'h und der Medebacher Hauptschule, die heute eine Sekundarschule geworden ist. Später begann auch noch das zweite Locminéer Collège Jean Moulin einen Austausch mit dem Gymnasium, der alle zwei Jahre durchgeführt wird.

Doch es sollten noch weitere neun Jahre ins Land gehen, bevor am 7. Juni 1992 Günter Langen, der damalige Bürgermeister von Medebach, und Bernard Jeanjean, der damalige Bürgermeister von Locminé, ihre Unterschriften unter den Städtepartnerschaftsvertrag setzten!

Denn nur nach und nach waren die Politiker dem Beispiel der Kinder, der Jugendlichen, der Lehrerinnen, der Lehrer und der Familien gefolgt: Obwohl Bürgermeister Langen ab 1975 alle französischen Gruppen der Ferienfreizeiten im Rathaus empfing, reiste die erste Gruppe von Medebacher Stadtverordneten gemeinsam mit ihm sowie dem Stadtdirektor Heinrich Nolte, Georg Nottelmann und dem Pfarrer Otto erst im Oktober 1987 nach Locminé, um dort Bürgermeister Bernard Lhériau und seinen Stellvertreter, Hervé Cario, zu treffen.

Angeführt von Hervé Cario wurde ein Jahr später dieser Besuch von einer Delegation aus Locminé anlässlich des Gelobten Festes[7] in Medebach erwidert. Doch es gingen noch weitere drei Jahre ins Land, bis in Locminé ein Comité de Jumelage (Städtepartnerschaftskomitee) unter der Leitung von Hervé Cario ge-

---

7 Gelobtes Fest – lokales kirchliches Fest, das seit 1636 jedes Jahr am Samstag vor Johannes (24. Juni) gefeiert wird. Es bezieht sich auf das Gelübde des damaligen Bürgermeisters Hermann Schmidt angesichts der schrecklichen Verwüstungen der Hansestadt Medebach und seines hessischen Nachbarortes Hillershausen während des Dreißigjährigen Krieges, als zwischen 1628 und 1640 die Häuser dieser Orte von den durch-

alors vers Georges Nottelmann, le « Georges des Français » comme on l'appelle depuis. Celui-ci lance un appel aux parents de ses élèves, leur demandant d'accueillir les élèves français pour une plus longue période – et il est ravi de l'écho positif obtenu.

C'est ainsi que s'ouvre un nouveau chapitre de l'amitié franco-allemande entre Medebach et Locminé. Depuis ce temps-là des échanges scolaires ont lieu entre le Collège Jean-Pierre Calloc'h et la Hauptschule de Medebach, aujourd'hui Sekundarschule. Par la suite, le deuxième collège de Locminé, le Collège Jean Moulin, démarre un échange avec le lycée, échange qui se reproduira tous les deux ans.

Mais il faudra encore attendre neuf ans avant que Günter Langen, alors maire de Medebach, et Bernard Jeanjean, alors maire de Locminé, n'apposent leur signature au bas du contrat de jumelage le 7 juin 1992 !

Car ce n'est que peu à peu que les hommes politiques suivent l'exemple des enfants, des jeunes, des enseignants et de leurs familles. Bien que le maire Günter Langen reçoive depuis 1975 tous les groupes français des camps de vacances à la mairie, ce n'est qu'en octobre 1987 qu'un premier groupe de conseillers municipaux de Medebach se met en route avec lui vers Locminé, ainsi que le directeur des services municipaux Heinrich Nolte, Georg Nottelmann et l'abbé Otto, pour y rencontrer le maire Bernard Lhériau et son adjoint Hervé Cario.

Menée par Hervé Cario, une délégation de Locminé rend cette visite l'année d'après, à l'occasion de la Gelobte Fest[7] à Medebach. Mais il se passe encore trois ans avant qu'un Comité de Jumelage ne se crée à Locminé sous la direction d'Hervé Cario, auquel succède en 2008 Raymond Laudrin en tant que président du Comité.

---

[7] Gelobte Fest – fête religieuse locale qui est célébrée tous les ans depuis 1636 le samedi précédant la Saint-Jean (24 juin). Elle se rapporte à la promesse faite par le maire de l'époque, Hermann Schmidt, au vu des horribles dévastations de la ville hanséatique de Medebach et du village voisin de Hesse, Hillershausen, pendant la Guerre de Trente ans. Entre 1628 et 1640, les maisons de ces endroits ont été entièrement

gründet werden sollte, der als Präsident des Komitees erst im Jahre 2008 von Raymond Laudrin abgelöst wurde. Sowohl Hervé als auch Raymond stammen aus Familien, denen durch die Deutschen viel Leid angetan wurde. Ihre Väter wurden entweder durch die Deutschen schwer verletzt (wie in Hervés Fall) oder in dem berüchtigten „Stalag XB“ in Sandbostel unter unmenschlichen Umständen festgehalten (wie in Raymonds Fall).

*

Ja, einige Monate nach meinem Herbstaufenthalt in der Bretagne, bei dem ich erstmals von Navarin hörte, habe ich mein Versprechen wahrgemacht und das ehemalige Lager in Sandbostel besucht, in dem Raymonds Vater Marcel Laudrin als Kriegsgefangener interniert war.

Das „Stalag XB“ lag in einer Gegend, die mich tatsächlich ein wenig an die ländliche Bretagne erinnerte: In der Gegend von Bremervörde breiten sich Ackerflächen und Wiesen auf mooriger, schwarzer Erde aus. Die großen Bauernhöfe aus roten Backsteinen oder aus Fachwerk, das mit seinen schwarzen Holzbalken den ochsenrot gestrichenen, festen Lehm unterteilt, werden hin und wieder noch von einem Reetdach gekrönt. Häufig sind es Alleen, die zu den winzigen Dörfern führen. Auch die Bäume,

---

ziehenden Landsknechten komplett abgebrannt und ausgeraubt wurden, die Einwohner mehrmals wochenlang in die umliegenden Wälder fliehen mussten und 322 Menschen durch die Folgen von Hunger, Feuer und Überfällen den Tod fanden. Die Ursache für dieses Elend sahen die Medebacher darin, dass Gott sie für ihre Sünden bestrafen wollte. Deshalb verfasste Hermann Schmidt mit Stadt- und Kirchenvertretern das Gelübde, am Samstag vor Johannes einen Gottesdienst mit anschließender Prozession zu veranstalten, damit Gott den Menschen ihre Sünden vergab. Seit 380 Jahren beginnt das Fest mit einem Gottesdienst in der St. Peter und Paul-Kirche, dem sich eine Prozession anschließt, bei der neben den zahlreichen Bürgern der Stadt und des Nachbarortes Hillershausen auch Fahnenabordnungen aller ansässigen Vereine und Musikkapellen durch Medebach ziehen. Die Geschäfte bleiben an diesem Tag geschlossen und kein Medebacher sollte an diesem Tag die Stadt verlassen.

Hervé comme Raymond descendent de familles auxquelles les Allemands ont causé de grands maux. Leurs pères ont été soit blessé grièvement par les Allemands pendant la guerre (dans le cas d'Hervé) soit retenu sous des conditions inhumaines dans le tristement célèbre « Stalag XB » à Sandbostel (dans le cas de Raymond).

*

Quelques mois après mon séjour d'automne en Bretagne, pendant lequel j'ai entendu parler de Navarin pour la première fois, je réalise la promesse faite à Raymond et visite l'ancien camp de Sandbostel où son père, Marcel Laudrin, a été détenu comme prisonnier de guerre.

Le « Stalag XB » se trouve dans une région qui en fait me rappelle un peu la campagne bretonne. Aux environs de Bremervörde les champs et les prairies s'étendent sur un sol noir et marécageux. Les grandes fermes de briques rouges ou à colombages, dont les poutres noires divisent les murs en terre glaise séchée couleur sang de bœuf, sont encore coiffées par-ci par-là de toits de chaume. Les routes qui mènent aux villages minuscules sont souvent des allées, et les arbres entourant les

---

incendiées et pillées par les mercenaires maraudeurs, les habitants ont dû fuir dans les bois environnants à plusieurs reprises des semaines durant, et 322 personnes ont trouvé la mort des suites de la faim, des attaques et des incendies. La cause de cette misère, d'après les Medebachois, c'était la volonté de Dieu de les punir pour leurs péchés. C'est pour cela qu'Hermann Schmidt ainsi que des représentants de la ville et de l'église rédigent le vœu d'organiser une célébration suivie d'une procession le samedi précédant la Saint-Jean, pour que Dieu leur pardonne leurs péchés. Depuis 380 ans, la fête commence par une messe dans l'église Saint-Pierre-et-Paul, suivie par une procession à laquelle participent aussi, à côté de nombreux habitants de la ville et du village voisin de Hillershausen, les porteurs de drapeaux de toutes les associations locales ainsi que les fanfares. Ce jour-là les magasins restent fermés, et aucun Medebachois ne doit quitter la ville de la journée.

die um die Häuser stehen, schützen vor dem Wind, der vom Meer kommend über das flache Land fegt.

Das Lager, so erfuhr ich bei einem Rundgang, war ein Ort des Schreckens. Eingepfercht in überfüllte Räume mussten hier die Kriegsgefangenen ein hartes Leben fristen: Die Verpflegung war unzureichend, die Strohsäcke, auf denen sie schlafen mussten, voller Ungeziefer, der Drill, die harte Arbeit, der Mangel an Privatheit und die Demütigungen taten ein Weiteres, um dieses Gefängnis als Vorort der Hölle zu empfinden.

Marcel Laudrin hatte jedoch Glück im Unglück. Er wurde mit anderen Franzosen im Zug zu einem dieser winzigen Dörfer gebracht. Über dessen seit Ende des Zweiten Weltkriegs unverändertem Bahnhofsgebäude hängt bis heute das Schild Brest-Aspe – durchlöchert von Gewehrkugeln, die vielleicht noch während der Befreiung durch die Briten im Jahre 1945 darauf abgefeuert wurden. Das alte, verfallene Bahnhofsgebäude bildete die authentische Kulisse für mehrere Filme, die hier gedreht wurden.

Nicht weit davon entfernt lag in Aspe einst ein Gasthof mit dem Namen „Lerchenhof", der jedoch, wie mir die Lokalhistorikerin Debbie Bülau erzählte, bei dem Einheimischen nur unter dem Namen „Dittmers" bekannt war. Hier im Saal von „Dittmers" waren die französischen Kriegsgefangenen untergebracht, hier mussten sie sich abends nach ihrer Arbeit auf den Bauernhöfen wieder einfinden und die Nacht verbringen.

Es gab jedoch auch Kriegsgefangene, die so weit entfernt von „Dittmers" eingesetzt wurden, dass sie an ihren Einsatzorten übernachten mussten. Debbie führte mich zu mehreren dieser Höfe, die entweder in Richtung Farven oder in der gegensätzlichen Richtung lagen. Hier auf einem dieser Bauernhöfe könnte Marcel Laudrin gearbeitet haben, wie ein Familienmitglied behandelt worden sein und die deutsche Sprache gelernt haben!

Auf meine Frage, ob sich die Höfe denn noch im Besitz der Familien jener Zeit befänden, erhielt ich allerdings die Antwort, dass alle in Frage kommenden Bauernhöfe mittlerweile nicht nur modernisiert worden waren, sondern auch neue Besitzer hatten! Da mir Raymond in der Bretagne davon erzählt hatte, dass sein

maisons servent aussi à les protéger du vent qui balaie la plaine en venant de la mer.

Le camp, ainsi que je l'apprends en en faisant le tour, est un endroit où ont eu lieu des atrocités. Entassés dans des pièces surpeuplées, les prisonniers mènent une vie extrêmement dure : la nourriture est insuffisante, les sacs de paille sur lesquels ils doivent dormir sont pleins de vermine, et l'entraînement sévère, le travail harassant, le manque d'intimité et les humiliations en rajoutent pour que cette prison soit ressentie comme l'antichambre de l'enfer.

Mais Marcel Laudrin a eu de la chance malgré tout. On l'a emmené, avec d'autres Français du convoi, dans l'un de ces petits villages. Sur le bâtiment de la gare, qui n'a pas changé depuis la fin de la seconde guerre mondiale, on peut voir encore aujourd'hui le panneau « Brest-Aspe » – portant des traces de balles de fusil tirées peut-être par les Anglais en 1945 lors de la Libération. Ce vieux bâtiment délabré a servi de coulisse historique à plusieurs films qui ont été tournés ici.

À proximité, dans le village d'Aspe, se trouve l'auberge « Lerchenhof » (Auberge de l'Alouette), mais qui n'est connue dans le pays que sous le nom de « Dittmers », d'après Debbie Bülau, spécialiste de l'histoire locale. C'est là, dans la salle de « Dittmers », que les prisonniers de guerre français sont installés. Ils doivent s'y retrouver tous les soirs, après avoir travaillé dans les fermes, et y passer la nuit.

Quelques prisonniers cependant sont employés si loin de « Dittmers » qu'il leur faut rester sur leur lieu de travail. Debbie me montre plusieurs de ces fermes qui se trouvent soit dans la direction de Farven soit dans la direction opposée. Marcel Laudrin aurait pu travailler dans une de ces fermes, y être traité comme un membre de la famille et y apprendre la langue allemande !

Mais quand je demande si les fermes se trouvent encore aux mains des familles de ce temps-là, on me répond que les fermes pouvant entrer en ligne de compte non seulement ont été modernisées entretemps, mais qu'elles ont aussi changé de propriétaires. Comme Raymond m'a raconté en Bretagne qu'apparemment son

Vater offenbar männliche Familienmitglieder ersetzen musste, die als Soldaten eingezogen bzw. gefallen waren, favorisierte ich den ehemaligen Hof einer Familie Ehlert, deren drei Söhne in Russland gefallen waren. Sie hätten Marcels Hilfe am Nötigsten gebraucht! Ob und wo noch Angehörige der Familie Ehlerts leben, konnte ich nicht herausfinden ... noch nicht...

*

In den vergangenen Monaten hat mich Navarin nicht losgelassen, ja, ich habe oft von Navarin geträumt. Immer wieder sah ich das Haus vor mir, wie es von dem Efeu und dem wilden Wein umklammert wurde, mit seinen geschlossenen Holzläden und der starken Eichentür, die mir keinen Zutritt gewährte. Und in jedem meiner zahlreichen Träume schlüpfte ich durch den Spalt im Gebüsch an der Straße, stand wieder in dem hohen Gras, stieß auf den eichelbedeckten Tisch, dessen Anblick mich entzückte, zwängte mich an der ausladenden Krone des gefällten Baumes entlang und erreichte schließlich die Tür.

Ich rüttelte an ihr und wünschte mir, dass sie ihren Widerstand aufgeben und sich öffnen würde, und ich in das Innere des Hauses hineinsehen könnte, denn ich wollte endlich verstehen, was in Navarin geschehen war. Doch kaum hatte ich in meinen Träumen die Türklinge berührt und an in ihr gerüttelt, da erwachte ich. Und nach jedem Erwachen fühlte ich eine große Enttäuschung in mir, denn ich war frustriert über mein Unvermögen, das Geheimnis des Hauses zu lüften.

Es sollte einige Monate dauern, bis in meinem Traum die Tür sich langsam zu öffnen begann, erst war es nur ein Spalt, dann eine Handbreit und schließlich konnte ich schon schemenhaft etwas im Inneren erkennen. Je mehr ich mich mit Navarin und der Geschichte seiner Umgebung beschäftigt hatte, umso mehr Licht drang in das Innere des Hauses.

Ich weiß nun, was geschehen ist, ich sehe es jetzt ganz deutlich vor mir, ich kann nun erkennen, was im Inneren verborgen ist.

Die Tür ist endlich offen!

-----

père a dû remplacer des hommes de la famille mobilisés ou tombés au combat, mon choix se pose sur l'ancienne ferme de la famille Ehlert, dont les trois fils sont tombés en Russie. Ce sont eux qui auraient eu le plus besoin de l'aide de Marcel ! Je n'ai pas réussi à savoir s'il y a encore des descendants de la famille Ehlert et où ils habitent... pas encore.

*

Navarin ne m'a plus quitté ces derniers mois, j'ai même souvent rêvé de Navarin. Je revois toujours la maison se dresser devant moi, envahie entièrement par le lierre et la vigne vierge, avec ses volets clos en bois, et la lourde porte de chêne qui m'empêche d'entrer. Et à chaque fois, dans ce rêve qui revient très souvent, je me faufile dans la brèche du taillis bordant la rue, me retrouve dans les hautes herbes, tombe sur la table couverte de glands dont la vue m'enchante, me fraye un chemin le long des branches de la couronne de l'arbre abattu et finit par atteindre la porte.

Je la secoue, j'espère qu'elle va céder et s'ouvrir pour me permettre de voir l'intérieur de la maison, car je voudrais enfin comprendre ce qui s'est passé à Navarin. Mais à peine ai-je touché la poignée de la porte et commencé à la secouer dans mes rêves, que je me réveille. Et à chaque réveil je ressens une grande déception, car je suis frustrée de mon impuissance à percer le secret de la maison.

Cela allait durer encore quelques mois avant que dans mon rêve la porte ne commence à s'ouvrir lentement. D'abord elle ne fait que s'entrebâiller, puis la fente s'élargit d'une main, et finalement je commence à pouvoir deviner quelque chose à l'intérieur. Plus je m'intéresse à Navarin et à l'histoire de ses environs, et plus la lumière pénètre à l'intérieur de la maison.

Je sais maintenant ce qui s'est passé, je le vois nettement devant moi, je peux découvrir maintenant ce qui est caché à l'intérieur.

La porte s'est ouverte, enfin !

Quellen

Neben vielen privaten und unveröffentlichen Quellen wie dem Familienbuch von Denise Moizan mit dem Titel „A LA TABLE DE NAVARIN“ oder dem Dokument des Roten Kreuzes über den Verbleib von Marcel Laudrin, den im Text genannten privaten Fotoalben und Dokumenten meiner Familie sowie den Fotos und Informationen, die ich bei meinem Ausflug in das Stalag XB in Sandbostel und nach Brest-Aspe gemacht bzw. gesammelt habe, bediente ich mich einiger Artikel bei Wikipedia, die ich hiermit aufliste:

ANNE DE BRETAGNE – DOLCHSTOSSLEGENDE – GELOBTES FEST – LIBÉRATION DE LA FRANCE – LOCMINÉ – LORIENT – NANTES – PRÉVERT, JAQUES („RAPELLE-TOI BARBARA“) – WOOD, JOHN SHIRLEY (GENERAL) – ZWEITER WELTKRIEG (FRANKREICH- UND RUSSLANDFELDZUG)

Alle Informationen über die historischen Ereignisse während der beiden Weltkriege, die sich in Locminé und Umgebung abspielten, entnahm ich dem Buch von

JEAN-ÉTIENNE PICAUT
LOCMINÉ- LA MAILLETTE ENTRE TOURNEMENTE ET ESPOIR
LIV'ÉDITION 2012

Alle Informationen über die historischen Ereignisse während der beiden Weltkriege, die sich auf die deutsche Geschichte beziehen, entnahm ich dem Buch von

GÜNTER NAUMANN
DEUTSCHE GESCHICHTE – VON 1806 BIS HEUTE
MARIXVERLAG, WIESBADEN 2010

Des Weiteren beziehe ich mich auf Prospekte der Ausstellung in Kermaria, in Sandbostel, den Prospekt „Voie de la Libération“ sowie auf das Textheft der „Chansons de Guerre 1914–18“ zum Konzert in der Chapelle de Kermaria.

Sources

À côté de nombreuses sources privées non publiées, comme la chronique familiale de Denise Moizan portant le titre « À la table de Navarin » ou le document de la Croix Rouge portant sur l'endroit où se trouvait Marcel Laudrin, les albums-photos et les documents privés de ma famille cités dans le texte, ainsi que les photos et les informations que j'ai réalisées et rassemblées lors de mon excursion au Stalag XB de Sandbostel et à Brest-Aspe, je me suis également servie de quelques articles de Wikipedia cités ci-dessous :

ANNE DE BRETAGNE – DOLCHSTOSSLEGENDE – GELOBTES FEST – LIBÉRATION DE LA FRANCE – LOCMINÉ – LORIENT – NANTES – PRÉVERT, JAQUES (« RAPELLE-TOI BARBARA ») – SECONDE GUERRE MONDIALE (LA CAMPAGNE DE FRANCE/~ DE RUSSIE) – WOOD, JOHN SHIRLEY (GENERAL)

Toutes les informations sur les évènements historiques qui se sont déroulés pendant les deux guerres mondiales à Locminé et aux environs ont été prises dans le livre de

JEAN-ETIENNE PICAUT
LOCMINE – LA MAILLETTE ENTRE TOURMENTE ET ESPOIR, TOME 3, LIV'EDITIONS, 2012

Toutes les informations sur les évènements historiques qui se sont déroulés pendant les deux guerres mondiales et qui ont trait à l'histoire allemande ont été prises dans le livre de

GÜNTER NAUMANN
DEUTSCHE GESCHICHTE – VON 1806 BIS HEUTE
MARIXVERLAG, WIESBADEN 2010

Je me réfère également à la brochure des expositions de Kermaria, de Sandbostel, à la brochure « Voie de la Libération » ainsi qu'au livret de « Chansons de guerre 1914–1918 » à propos du concert dans la chapelle de Kermaria.

Landkarten Cartes géo-graphiques

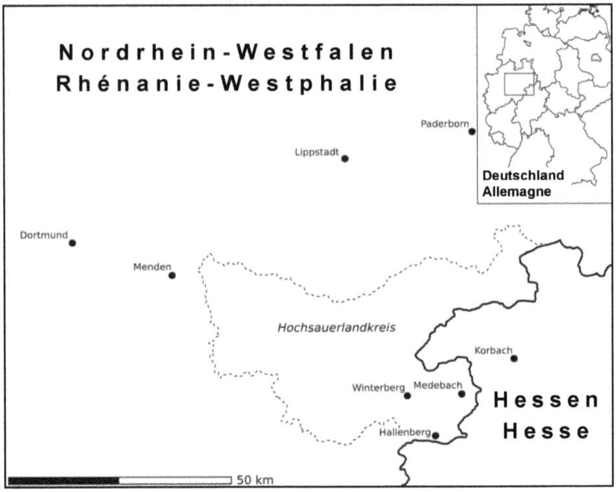

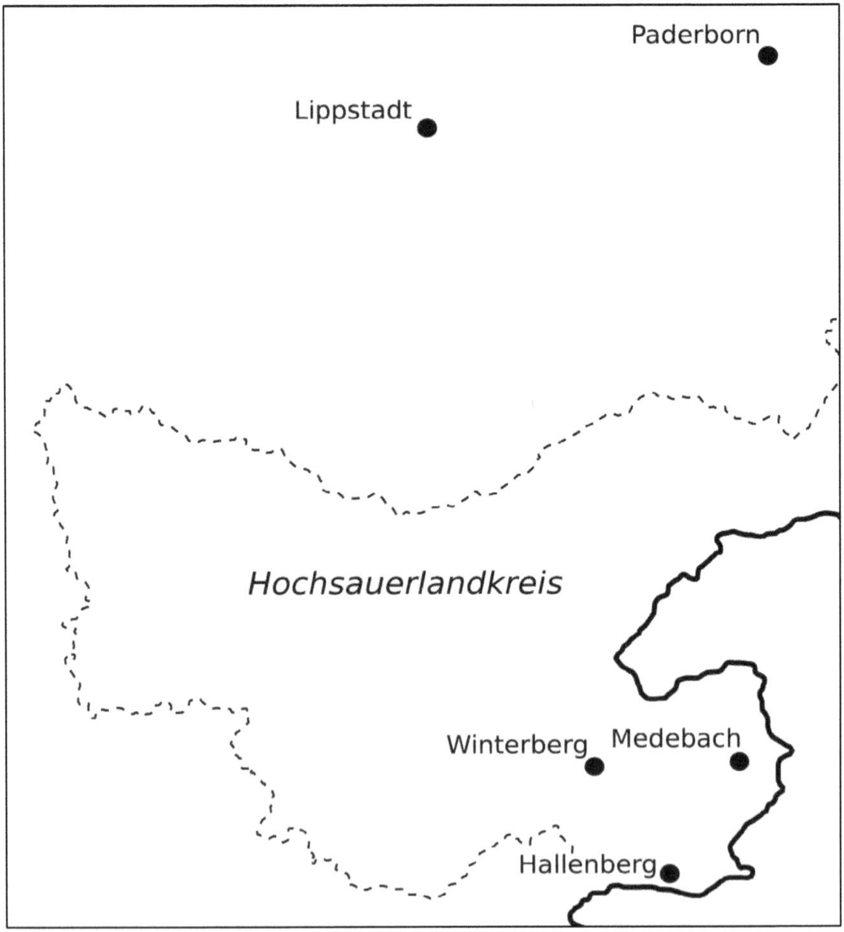

© Karten: Marco Tack

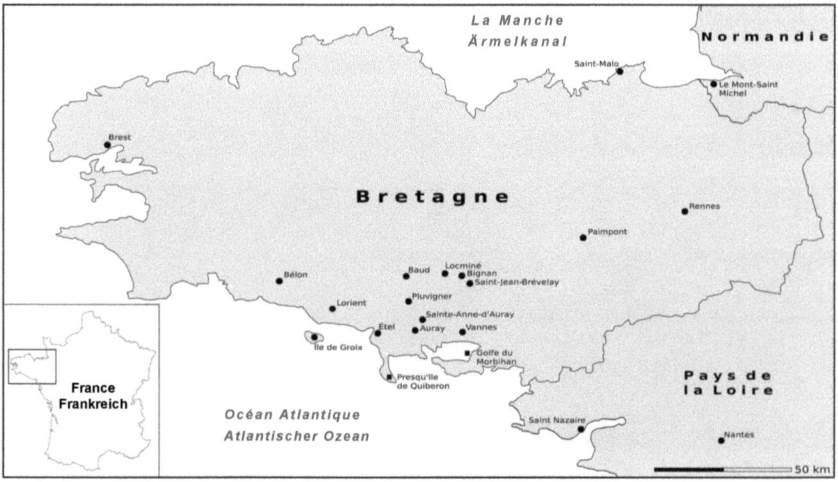
La Manche
Ärmelkanal
Normandie
Saint-Malo
Le Mont-Saint Michel
Brest
Bretagne
Rennes
Paimpont
Baud
Locminé
Bignan
Saint-Jean-Brévelay
Bélon
Pluvigner
Lorient
Sainte-Anne-d'Auray
Étel
Auray
Vannes
Île de Groix
Golfe du Morbihan
Presqu'île de Quiberon
Pays de la Loire
France
Frankreich
Océan Atlantique
Atlantischer Ozean
Saint Nazaire
Nantes
50 km

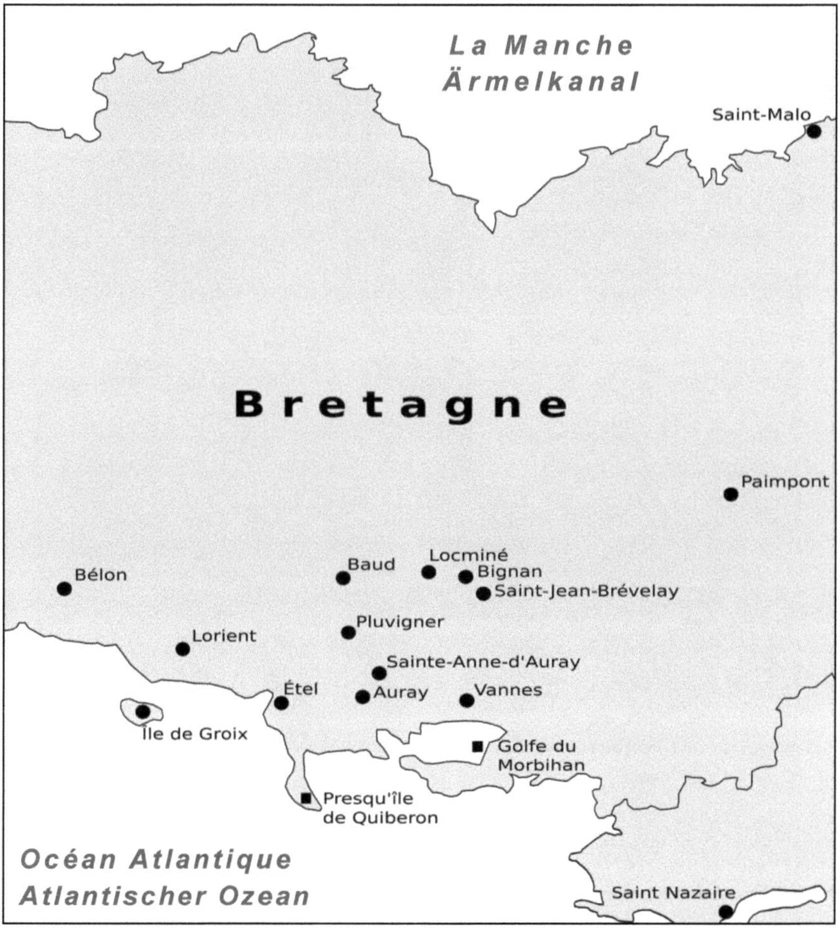
La Manche
Ärmelkanal
Saint-Malo
Bretagne
Paimpont
Locminé
Baud
Bignan
Bélon
Saint-Jean-Brévelay
Pluvigner
Lorient
Sainte-Anne-d'Auray
Étel
Auray
Vannes
Île de Groix
Golfe du Morbihan
Presqu'île de Quiberon
Océan Atlantique
Atlantischer Ozean
Saint Nazaire

Navarin

Die alte Tür. | La vieille porte.

Das verschlossene Haus.
La maison fermée.

Die mit Efeu verwachsene Wasserpumpe.
La pompe envahie par le lierre.

Der „gedeckte" Tisch. | « La table est mise ».

Straße der Befreiung (I) | Voie de la Libération (I)

Mit einer historischen Wagenkolonne wurde am 28.10.2017 die „Straße der Befreiung" feierlich eröffnet. Mit fünf Gedenksteinen markiert sie den Weg, auf dem die 4. US-Panzerdivision am 4. August 1944 den Küstenstreifen am Golf von Morbihan befreite.

Un défilé de voitures historiques ouvre solennellement la « Voie de la Libération » le 28 octobre 2017. Cinq bornes commémoratives jalonnent la route suivie par la 4e division blindée américaine le 4 août 1944 pour libérer la côte du golfe du Morbihan.

Straße der Befreiung (II) | Voie de la Libération (II)

Einweihung des „Marksteins der Freiheit“ am 28. Oktober 2017 in Bignan.
Inauguration de la »Borne de la Liberté« le 28 octobre 2017 à Bignan.

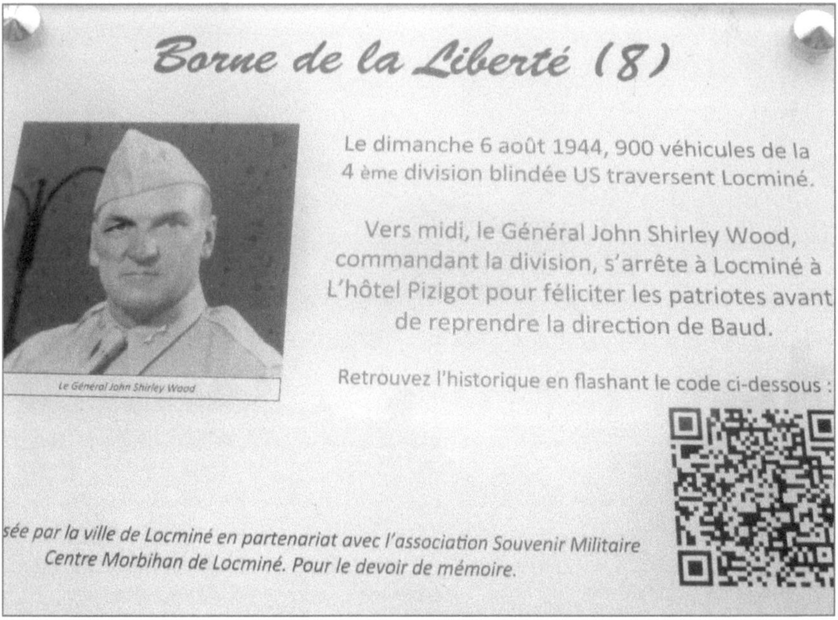
Borne de la Liberté (8)
Le Général John Shirley Wood
Le dimanche 6 août 1944, 900 véhicules de la 4 ème division blindée US traversent Locminé.
Vers midi, le Général John Shirley Wood, commandant la division, s'arrête à Locminé à L'hôtel Pizigot pour féliciter les patriotes avant de reprendre la direction de Baud.
Retrouvez l'historique en flashant le code ci-dessous :
sée par la ville de Locminé en partenariat avec l'association Souvenir Militaire Centre Morbihan de Locminé. Pour le devoir de mémoire.

Meine Familie in Kriegszeiten | Ma Famille pendant la guerre

Meine Großmutter Wilhelmine Jäger bei der Verlobung mit Heinrich Ortwein. | Ma grand-mère Wilhelmine Jäger et son fiancé Heinrich Ortwein.

Abschied meines Vaters von Mutter und Schwester. | Adieux de mon père à sa mère et à sa soeur.

Mein Vater Hans Ortwein als Soldat in Frankreich. | Mon père Hans Ortwein, soldat en France.

Hans Ortwein (oben Mitte), Weihnachten 1943, Russland. | Hans Ortwein (en haut au centre), Noël 1943, Russie.

Sauerland und Süd-Bretagne heute (I)
Le Sauerland et le sud de la Bretagne aujourd'hui (I)

Sauerland und Süd-Bretagne heute (II)
Le Sauerland et le sud de la Bretagne aujourd'hui (II)

Die kleine Stadt Medebach im Sauerland mit ihrer imposanten Kirche St. Peter und Paul. | L'église St. Pierre et Paul domine la petite ville de Medebach dans le Sauerland.

Das Richtschwert des Freigerichts von Medebach. | L'épée de la cour de justice local Medebach.

Wie die Bretagne ist auch Medebach katholisch geprägt. – Comme la Bretagne, Medebach est de tradition catholique.

Am Strand von Étel – À la plage d'Étel

Strand von Kerhillio mit zerstörtem Wachturm (rechts im Hintergrund). Les ruines du poste de garde surplombent la plage de Kerhillio (au fond à droite).

Die Autorin

Barbara Ortwein, 1954 in Lippstadt geboren, war 40 Jahre lang hauptberuflich Lehrerin am Geschwister-Scholl-Gymnasium in Winterberg (Sauerland), bevor sie nach ihrer Pensionierung in die tschechische Hauptstadt Prag zog.

Als Lehrerin leitete sie Schüleraustauschprogramme in den USA und Frankreich. In Texas wurde sie zu den drei historischen Romanen „Zwischen den Welten und nie mehr zurück", „Mitten in Texas und doch nicht am Ziel" sowie „Am Ende des Weges: Texaner für immer!" inspiriert. Sie handeln von den Deutschen, die zwischen 1844 und 1898 nach Texas auswanderten (siehe S. 200). Ortweins „Texas-Saga" ist inzwischen auch ins Englische übersetzt worden („Between Worlds, Never To Return", „In The Heart Of Texas But Not Yet At Home" und „At Journey's End: Texans Forever!"). In zahlreichen Lesungen hat die Autorin ihre Bücher sowohl in Deutschland als auch in den USA vorgestellt.

Basierend auf persönlichen Erfahrungen mit ihren französischen Freunden entstand das vorliegende Buch „Eine verborgene Liebe in der Bretagne", das sich mit den interkulturellen Beziehungen zwischen Frankreich und Deutschland in einer schwierigen Zeit beschäftigt.

L'auteure

L'auteure Barbara Ortwein, née en 1954 à Lippstadt, a enseigné pendant quarante ans au lycée Geschwister-Scholl de Winterberg (Sauerland), avant de se retirer à Prague, la capitale de la République tchèque, après son départ à la retraite.

Pendant son activité professionnelle elle a dirigé des programmes d'échanges scolaires tant aux États-Unis qu'en France. Au Texas elle a trouvé l'inspiration pour ses trois romans historiques « Zwischen den Welten und nie mehr zurück », « Mitten in Texas und doch nicht am Ziel » et « Am Ende des Weges: Texaner für immer! » qui traitent de l'émigration des Allemands au Texas entre 1844 et 1898. Entretemps ils ont été traduits en anglais (« Between Worlds Never To Return », « In the Heart Of Texas But Not Yet At Home » et « At Journey's End : Texans Forever ! »). Jusqu'à présent l'auteure a présenté ses livres lors de nombreuses lectures en public en Allemagne ainsi qu'aux États-Unis.

Se basant sur ses expériences personnelles avec ses amis français, elle a conçu le livre actuel « Un Amour caché en Bretagne » qui traite des relations interculturelles entre l'Allemagne et la France en des temps difficiles.

Tipps für die Zeit nach diesem Buch

Die Texas-Saga von Barbara Ortwein

In drei packenden historischen Romanen erzählt die Autorin am Beispiel der Familie Engelbach vom Schicksal der deutschen Auswanderer, die Mitte des 19. Jh. nach Texas kamen. Erschienen im Wiesenburg-Verlag, Schweinfurt.

Barbara Ortwein:
Zwischen den Welten und nie mehr zurück
ISBN 978-3-95632-113-9

Barbara Ortwein:
Mitten in Texas und doch nicht am Ziel
ISBN 978-3-95632-271-6

Barbara Ortwein:
Am Ende des Weges: Texaner für immer
ISBN 978-3-95632-590-8

Die etwas anderen Bücher aus dem Roland Reischl Verlag

Hubertus Deick:
Zwischen Kreuz und Roter Fahne
Autobiografische Erzählung
ISBN 978-3-943580-23-5

Ingeborg Drews:
Mein Paris trägt grüne Schuhe
Autobiografische Erzählung
ISBN 978-3-943580-04-4

B. u. J. Bruchmann:
The Queen's Dog
Die fantastischen Abenteuer eines Corgi
ISBN 978-3-943580-13-6

Mehr als 50 Titel aus den Sparten Belletristik, Zeit- und Regionalgeschichte. Erhältlich im Buchhandel und unter www.rr-verlag.de